梵網経の教え

今こそ活かす梵網戒

船山　徹　著

臨川書店

◉目次

はじめに

はじめに

『梵網経《ぼんもうきょう》』は、漢字で書かれた仏教のお経の中でもよく知られています。名前を聞いたことのある人も多いでしょう。本書では『梵網経』上下二巻の下巻に的を絞り、このお経が現代の我々に投げかけるメッセージを取り上げてみましょう。

仏教の経典（スートラ）は「如是我聞《にょぜがもん》」（このように私は聞いている）という仏弟子の言葉から始まり、説法の場所と居合わせた聴衆を手短に紹介します。その後、聴衆の一人が問いを発し、仏がそれに答えるという対話が始まり、お経ごとに様々な内容を説いて聞かせます。途中で何か事件が起きたり、説法する場所が変わったり、話の展開に躍動感を感じさせる経典も多いです。とりわけ『法華経《ほけきょう》』や、ヴィマラキールティ居士という在家信者を主人公とする『維摩経《ゆいまきょう》』などの大乗経典は、華やかで爽やかな、生き生きとした話に溢れ、魅力的です。一方、同じ大乗経典でも『梵網経』は仏教の開祖、釈尊牟尼《しゃかむに》が一人で語り、内容は菩薩の生活規則だけで、わくわくするようなストーリー展開もなく、どちらかと言うと訥々とした語りです。

しかし『梵網経』下巻は、地味な体裁にもかかわらず、東アジア大乗仏教徒が日々守るべき生活規則を説く経典として著名なばかりか、中国大陸で一七〇〇年以上の長きにわたって読み継がれ、中国や台湾、ヴェトナムでは、今でも毎日の生活の決まりとして用いています。

皆さんは「獅子身中《しししんちゅう》の虫《むし》」という言葉を聞いたことがあるでしょう。どんな動物より強い獅子《ライオン》でさえ、体を内側からむしばむ寄生虫には勝てないことを言います。仏典の中でも特に『梵網経』末尾の菩薩が守るべき軽罪第四十八条に「師子《（ママ）》の身《からだ》の中の虫、自ら師子を食らうが如し」と出てきます（『広辞苑』第七版）。『梵網経』はこれを、もしも仏教が滅びることがあるとすれば、それは外圧でなく内部崩壊しかありえない、しかしそうなってはいけないという警句として使っています（本書第二章和訳150頁）。

また、古いお寺の門前に「不許葷酒入山門《ふきょくんしゅにゅうさんもん》」という石碑があるのをご存じの方も多いでしょう。「不許葷辛酒肉入山門《ふきょくんしんしゅにくにゅうさんもん》」も同じ意味です。正しい読み方は、「不許葷酒入山門」なら「葷と酒の山門に入るを許さず」と、「不許葷辛酒肉入山門」なら「葷辛と酒と肉の山門に入るを許さず」と訓読します（なお、これとは別に、裏の意味を示す冗談のような解釈も更に二つあります。船山二〇二〇・二二三〜二二四頁参照）。

「葷《くん》」と「葷辛《くんしん》」は同じです。食べたとき刺激のきつい野菜で、具体的には大蒜《だいさん》（にんにく）や葱など五種類の野菜を指します。この五種を「五辛《ごしん》」と言い習わしています。「不許葷酒入山門」は、寺の境内にこの五種や肉や酒を持ち込んではならぬと禁止する言葉です。この言葉も元々は『梵網経』から生まれました（本書第二章和訳91〜92頁）。

「五辛」の教えは今も生きています。摂取すべきでない飲食として挙げる「酒」「肉」「五辛」のうち、「五辛」について述べるのは、仏教でも『梵網経』だけの特徴です。

日本の仏教に精進《しょうじん》料理という伝統があることは、皆さんよくご存じでしょう。しかし普通、精進とは肉を避けた食物を意味し、「五辛」を禁ずる精進料理はとても珍しいです。厳密に『梵網経』の食生活を守っているのは奈良の唐招提寺を本山とする律宗のみかも知れません。禅宗では精進を貫く立場から菜食を説き、うどんを魚の出汁で食べるのを認めず、昆布出汁を使います。しかしそれでも、うどんや蕎麦に薬味の葱は普通に使います。禅寺の精進食は葱を食べるのです。しかし『梵網経』の定める食生活を守る場合、五辛を摂ることは禁じられていて、五種中に「葱」が含まれているので、葱を食べてはいけません（詳しくは第四章第三節を参照）。

くどくど書き過ぎましたが、要するに、『梵網経』の教えに従って食生活を営む台湾や中国、ヴェトナムなどの仏教徒が日本で外食しようとすると、大きな不便を被るのです。例えば日本の仏教伝統宗派が経営する大学の食堂でも、葱が必ず入っているので、本経信者は日本では素うどんすら食べられないという状況が現に起きています。

このように有名な言葉からも食べ物の決まりからも、『梵網経』は現代の我々と繋がります。さて、ここまでは、現代日本の生活と調和しにくい面を主に示しましたが、まったく逆に、現代社会で生きるために見過ごしてはいけない教えもあります。本書は『梵網経』の平易な現代日本語訳を示し、それに基づいてこの経の特徴をいくつかに絞って解説します。伝統的に重んじられ、今なお生き続けるこの経典の特色を、今こそしっかり学び、一緒に考えましょう。

先にわたくしは『梵網経』の成り立ちと古い写本や木版印刷を細かに比べ、私たちが現時点で知ることのできる最古の原文を定め、それを小著『東アジア仏教の生活規則 梵網経：最古の形と発展の歴史』(二〇一七/二〇二三)にまとめました。そして文献学と呼ばれる、細かな文字の違いに注目し、書誌学的情報に基づいた研究として結論を示しました。しかし『梵網経』を現代の私たちがどのように活かすことができるかというこのお経の宗教的内容は文献学で扱いにくいため、先の書では敢えて主題としませんでした。そこで本書はまったく視点を変え、『梵網経』を宗教書として取り上げたいと思います(船山二〇二二b も参照)。

第一章は、本書全体の入口として、『梵網経』の内容と構成、言葉の特徴を説明します。第二章は、『梵網経』下巻全ての原文と、その平易な現代語訳です。第三章は、現代語訳を通読すると分かるような、この経典の底に流れる最も基本的なメッセージに焦点を当てます。第四章では、「五辛」という語に代表されるような、この経典に説かれる菩薩の食生活の決まりを紹介します。そして最後に、『梵網経』下巻が現代の我々に投げかける教えはいったい何かをまとめてみたいと思います。

第一章　今も読み継がれる『梵網経』

第一節　菩薩とは何か

一、初期仏教・部派仏教・大乗仏教――仏教の大まかな三分類

『梵網経』は大乗仏教のお経です。仏教は西暦紀元より数世紀前にインドで生まれた、生きる知恵と考え方です。現代風に言うと、思想であり、同時に宗教でもありました。ではこの、よく耳にする「大乗」はどのような仏教でしょうか。まず最初に、そのごく基本的なところから話しを始めましょう。

インド仏教の歴史は、釈迦牟尼《しゃかむに》（シャカ族の聖者）から始まりました。釈迦牟尼は仏教の開祖です。仏教は、釈迦の生前と逝去後しばらくそのまま続きました。それを「初期仏教」と呼びます。しかしその後、仏教徒内部に考え方の違いが起こり、教団が分裂しました。結局、約二十種の「部派《ぶは》」と呼ばれる小集団に分裂し、それぞれが教えを受け継ぎました。このような仏教を「部派仏教」と呼びます。そして更にその後、部派仏教のあり方に対する反省が起こり、新たな姿を提唱した「大乗仏教」が現れました。

この三種――初期仏教・部派仏教・大乗仏教――のうち、初期仏教は釈迦牟尼の生前から始まり、没後百年～二百数十年程続きました（釈迦牟尼の没後何年続いたかは、中国や日本に伝わる北伝《ほくでん》とスリラ

ンカから東南アジアに伝わる南伝《なんでん》とで異なります）。

ただ、北伝にせよ南伝にせよ、部派仏教の最初の分裂はマウリヤ朝アショーカ王（紀元前二六八〜二三二年頃在位）の時代に起こったと伝える点は同じです。

部派仏教では、出家修行者は、どんなに修行しても自ら釈迦牟尼の至高の境地には到達できないと諦め、ブッダ（仏《ぶつ》、目覚めた者）より一段低い阿羅漢《あらかん》（アルハト、供養されるに相応しい修行者）となることを目指しました。修行する理由は、専ら自らの境地を高めること――「自利《じり》（自らを利す、自らの為）」――でした。釈迦牟尼が生きていた頃の初期仏教と同じように仏教を実践するには、世俗を離れた教団で集団生活する出家者――男は比丘《びく》、女は比丘尼《びくに》――となる必要があります。一方、世俗の生活を続けながら信ずる在家者が至れる境地は、出家者には及ばないとされました。

このように部派仏教は、自らの向上のみを目指しましたが、その場合でもどんなに努力したところでブッダにはなれないと考えました。これに異を唱え、仏教の改革を唱えた人々が大乗仏教徒です。改革点は二つありました。一つは、大乗では、修行は自分一人の為にするのでなく、この世の命ある生きものすべてを救済することを目指さなければならないと主張したことです。自分の為――「自利《じり》」――の修行だけでは不充分であり、世の中の他者の為――「利他《りた》（他を利す、他者の為）」――にも修行して、世の中すべての向上を目指しました。もう一つの改革点は、修行で到達すべきは阿羅漢でなく、どんなに困難でもブッダを目指すと高らかに宣言したことです。

二、大乗とは何かを体現する「菩薩」

大乗仏教では出家も在家も価値は同じであり、在家が劣るとは考えません。その意味で大乗仏教は、出家か在家かの区別は重要でなく、大乗の教えをわが身をもって示す者を全て「菩薩《ぼさつ》」（ボーディ・サトヴァ、菩提薩埵《ぼだいさった》、悟りを目指す勇者）と呼び、理想の修行者に定めました。大乗仏教徒として生きるとは、菩薩として生きることなのです。

では、菩薩であるために肝心なことは何でしょうか。先に、菩薩に二つの理念があることを述べました。第一に、自分だけのためでなく、この世で共に生きる他の全ての生きもののためになるような振る舞い――「利他行《りたぎょう》」――に励むこと、そして第二に、この世に生きるすべての者がブッダとなることを最終目標とすることです。この二つから自然に導き出される菩薩の生き方は、もしこの世に迷い苦しんでいる人がいるのを見たならば、そのまま一人悟りすましてブッダとなるのを目指したりせず、苦しんでいるその人の救助につとめることです。菩薩は、何度生まれ変わっても菩薩として、一人でも多くの人を助けることを目指します。そのようにしてすべての生きものの苦しみを除き、悟りに導いた後、残る最後の一人として、自らが誰よりも後にブッダとなる、そのような修行を続ける者を菩薩と呼びます。世界のどこかにまだ救われない人が一人でもいるなら、その人を探し出して安楽の境地に導いた後、最後の一人として自らが仏になるのです。こうした気の遠くなるような長い修行を将来に行い続ける決意を固めます。

三、菩薩が最初に行うべき二つの事柄――誓願と菩薩戒

インドの大乗は、菩薩は先ず始めに二つのことをせよと教えます。一つは、永遠にも等しい長い輪廻転生《りんねてんしょう》――生まれ変わり――を越えて生き続ける菩薩の「誓願《せいがん》」を述べること、もう一つは、菩薩に相応しい振る舞いを定める「菩薩戒《ぼさつかい》」という生活規則を受ける儀式を済ませることです。

第一の誓願は、今後何度生まれ変わっても菩薩として生きる決意を表明すること、そう一大決心することです。これを仏教用語で「発願《ほつがん》（願を発す）」や「発心《ほっしん》（心を発す）」、「発菩提心《ほつぼだいしん》（菩提心を発す）」、「立誓願《りゅうせいがん》（誓願を立つ）」等と呼びます。

誓願を表明する文は自分で作るのでなく、決まり文句があります。最早期の瑜伽行派の聖典『瑜《ゆ》伽師地論《がしじろん》』菩薩地《ぼさつじ》を参照すると、次のように誓願せよと説いています。

我は、この上なき悟り（菩提《ぼだい》 bodhi）を求め〔自利行《じりぎょう》〕、すべての命ある生きものたちを安楽にさせ、彼らに無余涅槃《むよねはん》（肉体的束縛さえも消えた完全な寂滅《じゃくめつ》状態）と如来《にょらい》（＝仏）の偉大な智慧とを完全に追究させ、それを体得させせよう〔利他行《りたぎょう》〕。

（『瑜伽師地論』菩薩地の最古の漢訳、曇無讖《どんむしん》訳『菩薩地持経《ぼさつじじきょう》』巻一より）

最初にすべき二つ目の事柄は、菩薩戒《ぼさつかい》の受戒です。菩薩として相応しい日々の振る舞いを定め

た決まりのことです。大乗戒とも言います。
この受戒儀式を最初に定めた聖典も『瑜伽師地論』です（曇無讖訳『菩薩地持経』巻五）。それによると、菩薩戒を受けるには、受戒の儀式を正しく済ませる必要があります。すなわち仏像の前に立ち(1)、しかるべき手順を経て、目に見ることのできない遥か彼方《かなた》にいる仏に自らの受戒を認めてもらうという形で儀式を行いました。

菩薩戒の受戒儀式には、先輩格の菩薩に司会進行役を頼み仏像の前で受戒する方法と、誰にも頼まずに自ら直接に十方諸仏に語りかける形で行う自誓受戒《じせいじゅかい》という二つのやり方があります。前者の方が一般的でした。その際、受戒儀礼中とりわけ興味深いことに、受戒希望者は、司会進行役の先輩菩薩から二点を訊ねられ、それに必ず肯定的に答えねばなりません。それは、既に菩薩の誓願を発し終えているか（菩薩となる最低条件の確認）と、汝は菩薩であるか、の二点です。後者は勿論既に菩薩であるかを問うのでなく、菩薩になる決心が本当にあるかという意味の問い（果てしもなく長い間菩薩であり続ける覚悟と自覚の確認）です。これに対して受戒希望者は「はい」と答え、それを儀礼の中で三回繰り返します。因みに仏教に限らずインド文化では一般に、三回同じことを言えることは、それが嘘偽り無き真実であることの証しとされます。それ故に、最重要点は必ず問答を三度繰し、確実なものとします。

こうして菩薩は、誓願を発した後、受戒の儀式を済ませます。では受戒した人は、その後どれ程の間、菩薩戒を守り続けるのでしょうか。実はこの受戒の有効期間も、大乗の菩薩戒は、部派仏教の受戒と大きく異なります。部派には菩薩として生きるという考えはありませんが、広く一般的な意味で、部派の在家仏教徒は「五戒《ごかい》」を守り、出家者は「具足戒《ぐそくかい》」を守ります。それを守る期間は、どんなに長くても現世の一生を終えるまでです。それに対して菩薩は、現世だけに限らず、来世も来々世もその次も、この世から悩みを抱える生きものが完全にいなくなるまで菩薩として生きると宣誓し、菩薩戒を受けます。この身が尽き果てるまでとか、三度生まれ変わる間だけとかの中途半端な受戒は認められません。それ程まで長い期間を自覚して現実感をもって誓願できるかどうかは、輪廻に対する当人の現実感と自覚に基づきます。

（1）菩薩戒が規定されるようになったのは紀元後三、四世紀頃と思われます。その時代のインドには既にガンダーラ仏やマトゥラー仏など各地に仏像があり、菩薩戒の受戒では、仏を象徴的に表す仏像を使いました。

四、「戒」という言葉の意味——漢字とサンスクリット語の違い

直前に菩薩戒という語を何度も使いましたが、そもそも戒とは一体何かということを特段説明しませんでした。そこで菩薩戒——菩薩（たち）の戒、菩薩（たち）にとっての戒——とは何かをはっきりさせるため、「戒」とは何か、要点を説明します。

漢訳された仏典では、「菩薩戒」「五戒」「具足戒」「沙弥《しゃみ》戒」や「受戒」「破戒《はかい》」というよう

に、「戒」をいう漢字が様々な場面で登場します。中国の後漢の許愼《きょしん》『説文解字《せつもんかいじ》』（成書は後一〇〇年、現存最古の字書）によると、「戒」は「戒《いまし》め」とも読み、漢字本来の意味としては、してはいけないことをしないよう気を引き締める意を表し、総じて、「警戒する」や「用心する」を意味します。それ故、漢字で「戒」と表現すると、禁止・禁戒を表す語感がどうしても強くなります。しかし「菩薩戒」や「五戒」という語の元を作ったインドでは、「戒」に当たるサンスクリット原語は「シーラ sīla」と言います。そこに禁止という否定的な語感は含まれません。最もよく用いられるモニエル・ウィリアムズやアプテーの梵英辞書を引けば分かる通り、「シーラ」の意味を英語で説明すると、habbit（習慣）、custom（習わし）、natural or acquired way of living or acting（生活や行動の自然な作方や修得した作方）を意味します。つまりサンスクリット語の「シーラ」と漢訳の「戒」には、その意味に隔絶があるのです。

例えば在家信徒が守るべき五戒の一つに「不飲酒」がありますね。これを「不飲酒戒」と漢字で「戒」の意味に沿って理解したならば、酒を普段から飲まない人が不飲酒戒に抵触しないのは勿論、飲酒癖のある人であっても、「きょうは酒を飲むまい」と決心し、それを貫けば、その日は不飲酒戒を守ったことになります。ところがサンスクリット語「シーラ」が意味する不飲酒戒は、これとは違うのです。どういうことかと言いますと、禁止されているのだからと我慢している状態は、漢字の「戒」には該当するけれども、サンスクリット語の「シーラ」には該当しないのです。「シーラ」は習慣化した行為を意味しますから、「シーラ」としての不飲酒戒は我慢して禁酒することでなく、禁酒を継続した結果、アルコールを欲しない体質に変化し、飲みたいとすら思わない状態にまで至った時、それが「シーラ」としての不飲酒戒なのです。我慢しているうちはまだ「シーラ」ではありません。以上は、不飲酒戒を例に説明しましたが、五戒のうち他の四戒も同様です。更に現代風に応用すると、レストランや飛行機の中だから煙草を吸わないで我慢しているのは漢字の「戒」ではありますが、サンスクリット語の「シーラ」ではありません。ニコチンが完全に抜け切って煙草を吸いたいという気持ちすら起きなくなった状態がシーラなのです。

このようなことを長々と述べるのは、冗談や蘊蓄めいたことを言いたいからでなく、わたくしなりにきちんと理由があります。すなわちインド語と中国語の含意の違いを理解する必要があるのは勿論ですが、更に意義深い事柄として、菩薩戒の特性を誤解しないために「菩薩のシーラ」とは何かをはっきり知っておきたいのです。

初期仏教や部派仏教から存在した「五戒」や「具足戒」は、各項目すべて禁止の形で定める禁戒です。五戒であれば「不殺生（生きものを殺さない）」「不偸盗（ものを盗まない）」「不邪婬（不倫しない）」「不妄語（嘘をつかない）」「不飲酒（酒を飲まない）」と、すべて否定形「ない」で表記されます。ですから敢えて極端なことを言うなら、一日中何もせず布団の中でごろごろしていれば、その間は五戒すべてを守ったことになります。理由は簡単です。禁止事項を何も犯していないからです。

ところが、菩薩戒の場合は事情が異なります。『梵網経』の本文には明記していませんが、菩薩戒のことを更に詳しく説く他の漢訳大乗仏典の場合、菩薩戒は「三聚浄戒《さんじゅじょうかい》」や「三聚戒《さんじゅかい》」と呼ばれ、三大支柱から成ると言います。その三部門を併せた全体が菩薩戒です。三大支柱とは何かと言うと、（1）律儀戒《りつぎかい》（菩薩戒を受ける前に既に守っていた戒のこと。例えば在家者の五戒や出家者の具足戒など）、（2）摂善法戒《しょうぜんぼうかい》（善い行為を集成した戒）、（3）摂衆生戒《しょうしゅじょうかい》（生きものたちの為になる行いを集成した戒。十一条）の三種の戒を指します。このうち（1）は初期仏教や部派仏教でも成り立つ否定的な禁戒ですが、残る（2）と（3）は禁止でなく、肯定的、積極的に率先して行うべき事柄としての「シーラ」です。一日中何もせず布団の中でごろごろしているだけでは（2）（3）を実行できませんから、その人は大乗の菩薩戒を守ったことにはなりません。このように菩薩戒の三大支柱のうち、（2）（3）の二つは漢語本来の「戒」の意味では理解できず、サンスクリット語「シーラ」としてこそ意義を持つのです。

『梵網経』は「三聚（浄）戒」という語を直接は使いませんが、内容的には、それに当たる項目を都合五十八条列ね、その総体を「梵網戒」とします。梵網戒は否定的禁戒ではないということを示すため、本経の戒条の中から、漢字「戒」の「～してはならぬ」という禁止の意味合いでは理解できない条項を仮に二つだけ挙げると次の通りです。

【軽罪第六】もし仏子〔である汝〕が大乗法師を見たり、同じ考えで共に修行する大乗の者が僧坊や建物、街や村を訪れ、百里・千里の彼方より来訪したのを見たら、すぐに来訪を歓迎し、出離を送り出し、〔その客人に〕礼拝し、敬意を表し、毎日決まった時に三度、供養の品を与え、日々三両に当たる食事やさまざまな種類の飲食物・臥具・座具を与えてその法師に仕え、必要な品々をすべて供給して、常にその法師に日に三度の説法を依頼し、毎日決まった時に三度礼拝して、怒りの心や苦悩の心を起こさず、仏法のためなら身を賭してでも法を求めよ。もしそのようにしないならば、軽垢罪に当たる。（第二章93〜94頁）

【軽罪第四十四】仏子〔である汝〕は常に一心に〔戒を〕受け入れ、読誦し、身の皮膚を剥いで紙とし、体を刺して血を出して墨とし、骨を折って筆として仏戒を書写すべし。樹皮や角紙、絹もすべて書写し保持するのに用いるべきであり、常に七宝や、計り知れない価値の香や花、あらゆる種類の宝物で経箱を作り、そこに経巻や律巻を収めるべし。もし決められた通りに経典に敬意を表わさなければ、軽垢罪に当たる。（第二章146頁）

お分かりでしょうか。これらは五戒のような「〜すべからず」という禁止形をとりません。それ故、「戒」と漢字で表記しているのは確かですけれども、漢字本来の「してはいけないことをしないよう気を引き締める」という意味の「戒」ではないのです。すなわちサンスクリット語「シーラ」の意味に即して理解すべき条項です。

五、『梵網経』の説く菩薩戒の特徴

本書の冒頭に述べたように、『梵網経』という経典は二巻構成で、上巻は大乗の理想的修行者像である「菩薩」の実践徳目を説きます。下巻は一変して、菩薩が守るべき日々の規則を、根本である重罪十項目と細則である軽罪四十八項目の計五十八項目にまとめて示します。出家か在家か、男か女か、若いか年長か裕福か貧しいかにかかわらず、菩薩は皆、同じ五十八則を守る点で平等です。東アジア仏教徒に多大な影響を与えた『梵網経』は上巻の方ではなく、下巻に説く大乗の菩薩が守るべき行動規範である「菩薩戒の教え」でした。それ故に『梵網経』上下二巻のうち、歴史的に重んぜられたのは下巻であり、上巻は下巻ほど重視されませんでした。

木版大蔵経や仏教経典目録などは、多くの場合、『梵網経』を［後秦］鳩摩羅什《くまらじゅう》（約三五〇～四〇九年頃）が漢訳作成の最後に訳出した経典として記録しています。伝説をそのまま信じ鳩摩羅什が漢訳した経典とし、インドに原典が存在すると見なす学僧や宗派が多く、今も鳩摩羅什訳として扱う宗派があります。しかし一方で、それに異議を唱え、『梵網経』は鳩摩羅什訳と鳩摩羅什の名を冠することで権威付けして世に現れた偽経《ぎきょう》――あたかもインド語原典の訳であるかのように見せかけた中国製 made in China の偽作経典――と扱うべきであると主張する人も前近代からいました。現代の学術界では、偽経説が遥かに優勢です。偽経説を明言した研究者の最初は、日本の望月信亨でした（望月一九四六・四四一～四七一頁）。筆者も近年『梵網経』を主題とする単著（船山二〇一七／二〇二三）を上梓し、その第四章「『梵網経』下巻の素材と注釈」において、『梵網経』の本文と、内容でなく文字のレベルで一致する他の諸経典論書の一覧表を示しました。それを見ていただければ一目瞭然ですが、『梵網経』下巻と一致する文言を有する漢訳経典が、異なる年代と分野に渡り、いかに多いか、分かるでしょう。

本経を鳩摩羅什の漢訳でなく中国で偽作した経典と見なす場合、その成立年代を推定する必要が生じます。これについては鳩摩羅什の生卒年（約三五〇～四〇九年頃）より遅れる約四五〇～四八〇年頃の三十年間と見る説が最も有力です。年代をそう推定する理由は船山二〇一七／二〇二三・一八～一九頁の概説と、本書第二章の和訳に示す【重罪第八】本文注（1）（83頁）およびコラム2（161～168頁）を参照してください。

わたくしは、望月の梵網経偽作説を支持します。しかしそれはあくまで『梵網経』を学術的視点から分析した結果であり、伝統宗派の見解と相容れません。総じて、伝統的立場には別の理由付けもあり得ることを認めるのが中立的で、穏当な立場であるとも言えましょう。

第二節　十重四十八軽戒とは何か

一、菩薩戒を説く諸経典

菩薩として将来生きようと決心した者は、誓願を立てた後、菩薩戒という戒（シーラ）を受ける儀式を済ませて菩薩としての生活を始めます。では肝心の菩薩戒は、どの経典に、具体的にどのように説かれているのでしょうか。

端的に答えるなら、東アジアで最も長く広く読まれた菩薩戒経典は『梵網経』です。その内容は、十項目の重罪――十波羅夷《じゅうはらい》とも言う――と、四十八項目の軽罪を合わせた「十重四十八軽戒《じゅうじゅうしじゅうはちきょうかい》」、都合五十八項目の生活規則です。しかしこう結論のみを書いても意義が明らかになりません。そこで回り道ですが、『梵網経』以外の経典に説かれる菩薩戒を先ず紹介し、それと比べながら『梵網経』を特徴付けることにします。

「菩薩」という言葉は部派仏教に前例があり、それを改変した新しい意味で、西暦紀元頃あるいは前一世紀頃にインドで生まれた大乗の初期に使われ始めました。初期大乗経典を代表する『般若経』や『法華経』も「菩薩」を重視します。しかし儀式を通じて受けるべき菩薩戒やその内容を説く経典が現れたのは、それより更に数世紀後でした。

大乗仏教は、大乗の経典（スートラ、お経）のみがあった最初期と、その後、経典の内容を体系的に明かす理論書（シャーストラ、「論書《ろんじょ》」）が現れた時代の二期に分かれます。理論書は二大学派《にだいがくは》（思想の異なる二種の集団《グループ》）を生み出しました。

二大学派のうち、先に現れたのは、龍樹《りゅうじゅ》（ナーガールジュナ、年代は紀元後一五〇〜二五〇年頃のある時期）を開祖として『般若経』等に説かれる「空《くう》」の思想を自らの言葉で説き明かす「中観派《ちゅうがんは》」という学派で、部派仏教や仏教以外の説を次々に否定しました。その後暫くして、否定するだけでは「空」の真義を理解できないと考えた別の学派が現れました。「瑜伽行派《ゆがぎょうは》」がそれです。瑜伽行派の人々は、自らの心を統御する修行法（「瑜伽」すなわちヨーガ yoga）を最も重視しました。菩薩戒の教えを作り広めたのは中観派でなく、第二の瑜伽行派でした。瑜伽行派の根本聖典『瑜伽師《ゆがし》地論《じろん》』において菩薩戒の教説が生まれ、菩薩戒を受ける儀式も定められました。

東アジアの伝承によると、『瑜伽師地論』の著者は、瑜伽行派の開祖マーイトレーヤ Maitreya 菩薩（弥勒《みろく》菩薩）です。但し『瑜伽師地論』という名で現存する仏教書はサンスクリット語原典の一部断片（完本は現存しない）のほか、様々な時代の漢訳とチベット語訳があり、少しずつ違いがあります。したがって現在は、『瑜伽師地論』は、マーイトレーヤという実在人物一人の著作と見なすより、ある程度の時間をかけて複数の人々が編纂に携わった書と見なすべきであろうと考える人が多くを占めています。インドのサンスクリット語原典として残る『瑜伽師地論』の一部とて、最初期の原形のままとは断定できず、サンスクリット語原典そのものにも新旧の層があり、複数種存在した可能性があります。原典より漢訳の方が古形を示す可能性も大いにあります。

このように見る時、年代的に最も古いと確かに言えるのは、北涼《ほくりょう》の曇無讖《どんむしん》（三八五～四三三）訳『菩薩地持経《ぼさつじじきょう》』です。『瑜伽師地論』の全訳でなく、前半部のみの部分訳ですが、その中に菩薩戒の教説と受戒儀式のことが記されています。また同じ頃、同じ箇所を訳した別の漢訳として、南朝宋《そう》の求那跋摩《ぐなばつま》訳『菩薩善戒経《ぼさつぜんかいきょう》』（漢訳は四三一年）にも、菩薩戒の教説と受戒儀礼が説かれています。更に唐代に下ると、玄奘《げんじょう》訳『瑜伽師地論』が全訳として現れました（漢訳は六四六年開始、六四八年終了）。

このほか、曇無讖は在家男性信者の大乗戒を説く『優婆塞戒経《うばそくかいきょう》』も訳しました（四二六年）。その巻三「受戒品」は、在家の菩薩が守るべき菩薩戒を説き、『瑜伽師地論』と共通する一方で、在家に特有の戒も含みます。

二、『梵網経』の十重戒（重罪十条）

次に、諸の経典が説く菩薩戒の条文について、その条文の数と、具体的な内容にどのような違いがあるかを整理しておきます。分かり易い便宜的方法として、［唐］玄奘訳『瑜伽師地論』巻四〇～巻四二「本地分中『菩薩地』第十五」に含まれる瑜伽処戒品第十を基準として定め、そこに現れる具体的な菩薩戒の条文を他の漢訳諸本と比べます。更にそれを『梵網経』の説く菩薩戒の条文の内容とも比較する表を作り、その結果を示します。玄奘訳『瑜伽師地論』は漢訳諸本中、後代のチベット語訳と最も近い関係にあり、菩薩戒説に関して、現存するサンスクリット語原文の対応箇所である『ボーディサットヴァ・ブフーミ *Bodhisattva-bhūmi*』とも内容的によく一致します。その意味で、全体を見通しやすくするため、玄奘訳を基準にします。

菩薩戒の戒条に関する比較結果は次の通りです。細かな語彙や語順の相違には目をつぶり、戒条全体の内容について比較しました。表の「○」は、表中の他の四種の漢訳のいずれかと『梵網経』の間に対応・類似する条文があることを、「×」はないことを示します。

『梵網経』 重罪＝波羅夷《はらい》 十条	『瑜伽師地論』「菩薩地」 四条	『菩薩地持経』 四条	『菩薩善戒経』 八条	『優婆塞戒経』「受戒品」 六条
○重罪第一	×	×	○（殺）	○
○重罪第二	×	×	○（盗）	○
○重罪第三	×	×	○（婬）	○
○重罪第四	×	×	○（大妄語）	○
○重罪第五（酤酒戒）	×	×	×	○（酤酒戒）

○重罪第六（説過戒）	×	×	×	○（誹謗菩薩過罪戒）
○重罪第七	○（自讃毀他）	○	○	×
○重罪第八	○（性慳法故…而不給施）	○	○	×
○重罪第九	○（忿怒意楽…不捨怨結）	○	○	×
○重罪第十	○（誹菩薩蔵）	○	○	×

右に挙げた重罪四条の内容は、サンスクリット語原典・玄奘訳・チベット語で皆一致します。曇無讖訳『菩薩地持経』と求那跋摩訳『菩薩善戒経』は『瑜伽師地論』「菩薩地」の古い漢訳です。『菩薩地持経』の重罪四条はサンスクリット原典・玄奘訳と合います。一方、求那跋摩訳『菩薩善戒経』は広い意味で言えば同系ですが、重罪の数に違いがあります。出家者と在家者に共通の重罪四条を挙げるのでなく、出家者のみに当てはまる重罪を八つ挙げています。この違いの理由は、『瑜伽師地論』「菩薩地」の他の諸本では除外されている部派仏教の律に説かれる波羅夷四条を、『菩薩善戒経』のみで出家者用に加え、八条としているからです。すなわち出家者だけの決まりである『律』の四波羅夷——「殺人」「偸盗」「婬行」「大妄語（単なる虚言でなく、私は悟った等の宗教的な虚言）」——をも菩薩の波羅夷に加えた結果、『菩薩善戒経』の波羅夷（重罪）八条は出家菩薩だけにとっての重罪となり、在家菩薩には適用できないものとなりました。一方、曇無讖訳『優婆

塞戒経』は優婆塞《うばそく》（ウパーサカ、男性在家信者）と優婆夷《うばい》（ウパーシカー、女性在家信者）に限った菩薩戒として六項目を掲げるので、他の諸本と条文の数が違います。

　こう見てくると、もし出家菩薩にも在家菩薩にも等しくただ一つの仏書に基づいて菩薩戒を定め、それに従って日々の生活をしようとするならば、漢訳である『瑜伽師地論』「菩薩地」・『菩薩地持経』・『菩薩善戒経』・『優婆塞戒経』は、どれも出家と在家で共通して用いることができない不都合が生じてしまいます。理念としては、菩薩たる者は、老いも若きも、男も女も、出家も在家も、社会的身分の貴賤も無関係に、皆がまったく同じ菩薩であるにもかかわらず、菩薩ごとに生活基盤となる戒が異なるのは甚だ具合が悪く、理念と実用の双方に支障をきたします。そこで、そうした問題が生じないよう、重罪を過不足なく列挙することで『梵網経』の重罪十条ができました。

　性別・年齢・出家在家等を区別せず、利他行に生きる決意を固めた修行者を皆等しく菩薩と見なす前提に立つ時、すべての菩薩が生活規則で同じ重罪を共有しようとするならば、それに適した経典はただ一つ『梵網経』しかありません。他の経典は出家と在家の規則を区別する点や、重罪の条文数が違うという理由で、実際の使用には適しません。唯だ一つ『梵網経』の重罪十条のみが、出家者と在家者が共に菩薩として同じ規則を守るために必要な一覧表を、過不足なく定めているのです。菩薩戒の教えを説くとして今に至るまで用いられ続けているのが専ら『梵網経』である理由は、正にここにあります。お分かりいただけるでしょうか。

では、十重戒すなわち重罪十項目とは何でしょうか。それは次の十項目です。

一　不殺生　〔禁止〕殺人のみならず、どんな生きものも殺してはならぬ。
〔推奨〕慈しみと思い遣りと従順な心で他の者たちを救え。

二　不偸盗　〔禁止〕他者の所持品を盗んではならぬ。
〔推奨〕自らの所有を他の者たちに布施せよ。他者に安楽を与えよ。

三　不婬　〔禁止〕〔男の菩薩は〕女性に対する性交、歪んだ性交、近親相姦をしてはならぬ。
〔推奨〕従順な心で衆生を済度せよ。他者に仏の教説を付与せよ。

四　不妄語　〔禁止〕虚言、妄言をしてはならぬ。
〔推奨〕真実を見て、真実を語れ。

五　不酤酒　〔禁止〕酒を販売してはならぬ。
〔推奨〕興奮や思い違いのない、沈着冷静な心を他者に起こさせよ。

六　不説罪過　〔禁止〕他の菩薩が犯した過ちを非難したり、他者の傷口に塩を塗る発言は控えよ。
〔推奨〕他者を思い遣り、大乗を信仰するように教示せよ。

七　不自讃毀他　〔禁止〕自らに甘く、他者に厳しい態度をとってはならぬ。
〔推奨〕他者の利益となる行為をせよ。

八　不吝嗇　〔禁止〕自らの持ち物を惜しみ、他者への施しを拒絶することをしてはならぬ。
〔推奨〕あらゆる布施を行え。財施（物品の布施）のみならず法施（教えの布施）にも努めよ。

九　不激高　〔禁止〕他者に身体的な危害や言語的な危害を与えてはならぬ。
〔推奨〕他の者たちを思い遣れ。

十　不誹謗三宝　〔禁止〕仏・法・僧の三宝を誹謗中傷してはならぬ。
〔推奨〕三宝を常に敬え。

（船山二〇二〇・七四〜七六頁）

以上が十重戒の概要です。『梵網経』の十条は、各条文は表の意味としては禁止事項を述べていますが、同時に裏の意味として、禁止事項を行わない代わりに、積極的に何をすべきかを具体的に推奨するので、右の各項に〔禁止〕と〔推奨〕を併記しました。

十重戒のうち、第五・第六の二条は漢訳経典の『優婆塞戒経』のみと一致します。これは『梵網経』が出家菩薩だけでなく、在家菩薩も共に重視していることを表しています。

三、『梵網経』の四十八軽戒（軽罪四十八条）

次に、四十八軽戒《しじゅうはちきょうかい》に移ります。四十八軽戒は、十重戒程に深刻ではないけれども、菩薩である以上、やはり決して犯すべきでない四十八項目の規則です。「軽戒」は「軽垢戒《きょうくかい》（罪や汚れの程度が比較的軽い戒）」とも言います。しかし「軽」いからといって軽々しく犯してよいようなものではありません。重罪と比べれば軽いですが、やはり菩薩が犯してはならない決まりです。その大凡の内容は次の通りです。

一　菩薩戒を受戒したら師や仲間に敬意を示し、従順な心を起こせ。
二　自ら飲酒したり、他の者たちに飲酒させたりしてはならぬ。
三　肉を食してはならぬ。
四　野菜であっても決して五辛（大蒜や葱の類い）を食してはならぬ。
五　戒を犯した者に懺悔《さんげ》の仕方を教え、同じ過ちを繰り返さぬようさせよ。
六　大乗の師や仲間に敬意を表し、必要品があれば施し、説法を依頼し、彼らを礼拝せよ。
七　仏法を講ずる場所には、自ら率先して趣いて聴聞し、教えを身につけよ。
八　大乗の教えに背いて、大乗以外の二乗や異教徒の教えを受け入れてはならぬ。
九　病人がいたら決して見過ごさず、必ず救いの手を差し伸べよ。

一〇　戦闘や危害を加える武器を所持してはならぬ。
一一　敵軍と結託して自国に不利益を蒙らせてはならぬ。
一二　人民・奴隷・家畜を売ったり、死者を弔う具を取引したり、他の者たちにさせたりしてはならぬ。
一三　無実の罪を他の者たちになすりつけて誹謗中傷してはならぬ。
一四　家屋・山林・田畑などに火を放って焼失させてはならぬ。
一五　大乗以外の仏教や異教徒の教えを勝手に解釈し、他の者たちを誤りに導いてはならぬ。
一六　大乗を正しく教えず、他の者たちの問いに答えず、誤った説明をしてはならぬ。
一七　利欲を貪ろうとして国王や官僚の権利を笠に着るような行為をしてはならぬ。
一八　菩薩戒を正しく暗誦し、理解せよ。戒の教えを知っていると偽り、他人を欺いてはならぬ。
一九　正しく菩薩行をしている他の者たちに悪い事をしたり、偽りを言ったりしてはならぬ。
二〇　捉えられた生きものを自由に放ち（放生《ほうじょう》）、危険から救い、物故した肉親の追福を行え。
二一　たとい肉親の身に危害が加えられたとて、決して報復してはならぬ。
二二　他の者たちの優れた才能や立派な行いを理解せぬまま軽んじてはならぬ。
二三　悪意や慢心から菩薩戒を他の者たちに授けず教えないような態度を取ってはならぬ。
二四　大乗以外の仏教や異教徒の教えを学んで大乗の教えを妨げてはならぬ。

二五　教団の管理運営に当たる時は、教団の財を私用し、他を混乱させてはならぬ。
二六　来訪した客僧を敬い、能う限り施せ。客僧を蔑ろにして身勝手に利益を貪ってはならぬ。
二七　檀越《だんおつ》からの布施は教団の皆で分かち合え。自分一人で身勝手に利益を受けてはならぬ。
二八　檀越から食事接待を受ける際は、誰かを特別待遇せず、教団の順位通りに皆が利に預かれ。
二九　利欲を貪るために身勝手に振る舞い、世俗の占いや毒の調合その他をしてはならぬ。
三〇　仏・法・僧の三宝や仏の教説を偽り、間違った行動を起こしてはならぬ。
三一　悪人が仏像・経律・出家者を売買するのを見たら手段を講じてそれらを贖え。
三二　武器や計量器を売ったり、他の者たちの財産や自由を剥奪するなどの事をしてはならぬ。
三三　人々の格闘・軍の闘争・賭博・占い・盗賊行為を肯定し加担してはならぬ。
三四　常に戒を保ち、戒を犯さぬよう努力せよ。一瞬たりとも大乗を認めぬ心を抱いてはならぬ。
三五　菩薩として十の誓願を発し、それらを実践するよう常に心懸けよ。
三六　十の誓願を発した後、十三の願文を唱え、菩薩として衆生救済に努めよ。
三七　常に十八種の所持品を携行し、正しく布薩《ふさつ》し、苦行や安居《あんご》の時と場所を弁えよ。
三八　各人の座順は受戒した順であると弁えよ。秩序なく順不同に座を設えてはならぬ。
三九　常に衆生を教化し、仏塔を建立せよ。菩薩戒を読誦し、他の者たちにも教え、利他行に努めよ。

四〇　菩薩戒の受戒希望者がいたら分け隔てなく、正しい儀式手順で戒を授けよ。
四一　菩薩戒の受戒希望者がいたら、七逆罪の有無・犯戒への対処・懺悔法などを教えよ。
四二　未受戒の者や異教徒、邪見の者たちに菩薩戒を教えてはならぬ。
四三　戒を誹謗する者は、檀越から布施を受けたり、仏教徒の王の国土に入ったりしてはならぬ。
四四　一心に戒を受け入れ読誦し、身の皮を紙、血を墨、骨を筆として戒を書写し教えを敬え。
四五　集落で出会った者には、たといそれが動物であっても戒を教え、菩薩の心を起こさせよ。
四六　戒を教える時は高座に坐り、聴聞者たちの座を低くし、仏法に敬意を抱かせよ。
四七　国王であれ誰であれ、何人も仏弟子を拘束し修行させず、仏法を破壊してはならぬ。
四八　受戒後は戒を庇護し、戒を破壊する行いを見過ごしたり認めたりしてはならぬ。

（参考　船山二〇二〇・七七〜七九頁）

先の十重と合わせた以上が『梵網経』十重四十八軽戒の概略です。実際の各条文は長く、くどくどしく分かりにくいところもあるので、四十八条を逐一説明することは割愛します。十重戒について〔禁止〕と〔奨励〕とを別に示したように、四十八軽戒にも禁止すべき行為と積極的行為の両面を示すものが多いです。また、第一節「四、「戒」という言葉の意味」で説明したように、否定的な禁止事項だけを意味するのでなく、「シーラ」として菩薩が行うべき積極的振る舞いも含んでいます。例えば【軽罪第六】がそれに当たります（具体的には第二章93〜94頁の現代語訳を参照）。

先に、重罪である十重戒は、曇無讖訳『菩薩地持経』『優婆塞戒経』と求那跋摩訳『菩薩善戒経』の説を過不足なく整理した結果であると述べました。では、軽罪である四十八軽戒も『菩薩地持経』『優婆塞戒経』『菩薩善戒経』の三経に定める菩薩の軽罪を整理した結果かと問うならば、実はそうではないのです。四十八条中にはこの三経と内容的に共通するものがあるのは間違いありません（例えば第二章【軽罪第一・第七〜九・第二十一・第二十四】等の現代語訳を参照）。しかし三経と共通せず、曇無讖訳『大般涅槃経』のみと共通する内容の戒条もあります（第二章【軽罪第三・第四・第二十七・第二十九・第三十二〜三十四・第三十六】等の現代語訳を参照）。また、偽経と推定されている『仁王般若波羅蜜経』と共通の言葉もあります（第二章【軽罪第二十八・第四十六〜四十八】等の現代語訳を参照）。更にまた、『菩薩戒』の条文とは直接関係しない、別な経典と一致する戒条もあります（第二章【軽罪第二十八・第四十三】等の現代語訳を参照）。このように軽罪四十八条は、重罪十条と異なり、『菩薩地持経』『優婆塞戒経』『菩薩善戒経』の三つに定める菩薩戒の集成だけでなく、様々な大乗経典に広く説かれる菩薩行と繋がる内容です。また、他の経典と共通する文を特定できないような条文もあります。

「十重四十八軽戒」は本経のみの特徴です。まず、十を単位として種類を数え挙げる方法は仏教では意外に少なく、大乗経典の『華厳経』に基づく特徴的な数え方であるとはっきり言えます。

『華厳経』の早期の漢訳である［東晋］仏陀跋陀羅《ぶっだばっだら》訳『大方広仏華厳経』六〇巻には十地《じゅうじ》・十住《じゅうじゅう》・十行《じゅうぎょう》・十廻向《じゅうえこう》・十波羅蜜《じゅうはらみつ》・十忍《じゅうにん》・十明《じゅうみょう》等、「十」ごとに数える用語が頻出します。では、四十八軽戒という数え方は何に基づくものでしょうか。

実は、「四十八」という数の由来は今でもよく分かっていません。サンスクリット語の仏教原典には『無量寿経』に説く法蔵菩薩の四十八願がありますが、「四十八軽戒」と「四十八願」に直接的関係はなく、この他には四十八の付く用語は見当たりません。一方、後の東アジアには、相撲の「四十八手」や「無くて七癖あって四十八癖」等の言い方がありますが、「四十八軽戒」と直に結び付く先例を特定できません。

四、軽罪の軽重と贖罪法に含まれる問題

菩薩戒の「戒」は「シーラ」（習慣化した善い行い）であり、贖罪《しょくざい》法が定められていません。これは、出家者教団の共同生活規則集『律』（ヴィナヤ）との決定的な違いです。『律』では罪を五篇《ごひん》（重罪・僧残《そうざん》・波逸提《はいつだい》・提舎尼《だいしゃに》・突吉羅《ときら》〔＝悪作《おさ》〕）の五種に分け、それぞれ罰則を定めますが、大乗の菩薩戒には罰則がなく、そして罪の種類も二種のみです。

『律』の重罪（波羅夷とも言う）は、殺人・偸盗・婬・大妄語《だいもうご》（自らの修行境地に関する宗教的な虚言）の四条であり、それを犯したら寺の共同生活を拒否され追放される罰が課せられます。一方、菩薩

戒は罰則がありませんが、重罪を犯すと、菩薩であるという宗教的修行者の資格を失います。これは信仰心のない者には理解しにくいですが、恐ろしいことです。これまで菩薩として生きてきた者が菩薩でなくなるということは、他の者たちを救済することができないのは勿論、自らが救われる可能性も、悟れる可能性も、一挙に消えてしまうからです。

しかしながら、菩薩戒の重罪十条とは実際に何をすることかと更に問うてみると、ここに大きな問題が含まれていることが分かります。『梵網経』は重罪に十種あることは確かに明記しますが、具体的にどの程度までのことをすれば重罪に該当するかという罪の摘用基準を何も明記しません。そこで参考資料として、同じ菩薩戒経典である曇無讖訳『菩薩地持経』とそのサンスクリット語原典に説く重罪の規定を確かめてみると次の通りです。

㈠もし菩薩が、極度（adhimātra）の煩悩心（paryavasthāna）によって波羅夷（＝重罪）に当たる事柄を犯す場合は、律儀戒（＝菩薩戒）を失うから、もう一度〔菩薩戒を〕受け直すべきである。㈡もし〔菩薩が〕中度の煩悩心から波羅夷に当たる事柄を犯した場合は、三人あるいは三人以上に向かって体を地に伏せて合掌し、悪い事をしたことを懺悔《さんげ》（告白）し、既に犯してしまった罪名を述べて「大徳法師よ、心に留めてください。私某甲《なにがし》は菩薩の規則を破ってしまいました。述べた通りです。悪い罪を犯しました」〔云云〕と言うべし。これ以下は比丘の悪い行いを懺悔する仕方と同じように述べる。㈢もし〔菩薩が〕軽度の煩悩心から波羅夷に当たる事柄を犯した場合は、一人に向かって懺悔（告白）する。㈣もし適切な人が誰もいなければ、清い心を起こしてこう念ずる、「我は二度とこの罪を繰り返しません。未来世でも律儀戒（＝菩薩戒）をしっかりと守ります」。――もしこのように〔対処〕できれば、犯した罪は取り除かれる。（三〇・九一七上。船山二〇一九a・二七二頁も参照）

この前後の箇所で『菩薩地持経』は煩悩の程度を極度・中度・軽度の三種に分け、重罪に該当するのは極度の煩悩から故意に違反する場合のみに限ると定めています。例えば【重罪第三】婬戒の場合を例に取ると、強い悪意をもって、故意に、何度も繰り返して婬戒を行う確信犯であった場合は重罪に該当するけれども、それ以外の場合、例えば軽い気持ちで、たった一度だけ、ついうっかりと婬戒を犯した場合は重罪でなく、軽罪と同じく相応の仕方で懺悔を行えば片が付くと説きます。つまり菩薩戒における重罪は極めて重いのですが、その一方で、極めて成立しにくいように摘用条件を限定しているわけです。

更に補うと、右の一節で、重罪と判定されて菩薩でなくなった場合はその後どうなるかというと、違反者は未来永劫にわたって菩薩となれないのでなく、「もう一度〔菩薩戒を〕受け直すべきである」と定められているのです。これは、重罪を犯しても、将来的にやり直せるということです。もう一度菩薩として生きる決心をし直し、誓願を発して菩薩戒を受ける儀式をするなら、再び菩薩として出直せるというわけなのです。

『菩薩地持経』を始めとする三つの経典と『梵網経』がはっきりとした形で示す贖罪法は、以上に説明したような内容です。これをどう解釈すべきかを説明する箇所は特にありません。では、ここから我々は一体どのように受け取るべきでしょうか。

菩薩戒に違反することの摘用条件と対処法（解決方法）は、我々の受け止め方次第で、かなり変わります。重罪を犯しても、それに対する規定は、甘くて生ぬるいと感じる人もきっといるでしょう。他方、菩薩として出直す方途を残していることに、正に大乗仏教的な慈悲心が現れていると解釈することもできそうです。更には、そのどちらでもない受け止め方として、重罪となっても「もう一度〔菩薩戒を〕受け直」せば決着が付くかのように書いてあっても、恐らくそこには実際の運営方法として伝統的・習慣的な対処法が存在していた可能性があると考え、あれこれと理由をつけて（例えば、まだ再受戒するだけの状態に達していないと判断する等）、菩薩として再出発する道を、戒の実際の運用においては簡単に認めないこともあったに違いないと考えることもできそうです。以上に述べたことは極めて繊細な問題ですが、読者の皆さんはどう思いますか。

第三節　「孝」と「仏子」

一、戒は孝なり

『梵網経』下巻「菩薩心地品」の主題は菩薩の振る舞い及びそれを一覧する十重四十八軽戒の教えです。その意味で『梵網経』には「菩薩」とその「戒」――すなわち菩薩戒――が最も重要です。「戒」は日常的に習慣化しきった行い（シーラ）を意味します（第二節参照）。これらとは別に、本経は「戒」は「孝」のことであるという有名な言い回しでも戒を説明します。その箇所を原文と訓読で示します。

爾時釈迦牟尼仏、初坐菩提樹下、成無上覚。初結菩薩波羅提木叉、孝順父母師僧三宝、孝順至道之法、孝名為戒、亦名制止、即口放無量光明。（第二章72頁）

爾《そ》ノ時、釈迦牟尼仏ハ初メテ菩提樹ノ下《もと》ニ坐シ、無上ノ覚ヲ成《じょう》ズ。初メテ菩薩ノ波羅提木叉《はらだいもくしゃ》ヲ結ビ、父母・師僧・三宝ニ孝順タリ、至道ノ法ニ孝順タリテ、孝ヲ名ヅケテ戒ト為シ、亦タ制止ト名ヅケ、即チ口ヨリ無量ノ光明ヲ放《はな》テリ。

この一節は、本経が主題の十重四十八軽戒を説き始める前の序文に当たる箇所に現れます。とりわけ「孝ヲ名ヅケテ戒ト為ス」（戒とは孝のことである）という考え方は、親への孝を重んずる中華の人々の心を摑みました。そして「孝」と言えば、説明を要するまでもなく中国の儒教倫理を指すということを前提した上で、『梵網経』には「孝」という字が見られるから、『梵網経』は儒教的な孝の倫理を踏まえる経典であるという言説が、これまで少なからず行われてきました。

『梵網経』と父母への孝を繋げる人は多くいます。道端良秀氏は本経の「孝ヲ名ヅケテ戒ト為ス」を引いた後、「このような戒が、儒教の最高道徳としての孝と同じであると言うことは、仏教と儒教との倫理問題における完全なる一致である」と言います（道端一九五七／八五・四五七頁。道端一九六八・一五五頁も同内容）。石田瑞麿氏も「戒を「孝」と名づけた点は、まぎれもなく儒教思想を導入したものである」と言います（石田一九七一・一七頁）。

しかし、一つ大きな問いを投げかけねばなりません。「孝ヲ名ヅケテ戒ト為ス」は本当に「両親への親孝行が菩薩戒を守ることだ」という儒教的メッセージでしょうか。

二、「戒は孝なり」の再検討

改めて言うまでもなく、通常は「孝」と言えば父母への孝を意味します。後漢の許慎《きょしん》による現存最古の字書『説文解字《せつもんかいじ》』巻八が「孝」を「善ク父母ニ事《つか》ウル者ナリ（善事父母者）」と言う通りです。

それ故、『梵網経』には「孝」という字が現れるから儒教の孝が説かれていると論ずる研究が実に沢山あるのです。しかし、本経と親孝行を繫げる従来の研究は、大きな基本的誤解を犯しています。それは、「孝」と言えば例外なく「父母への孝」〔儒教の孝〕を意味すると、無反省・無意識に思い込むという問題です。実は「孝」は、親への孝のみとは言えません。『梵網経』の「孝」は、そのような例外の一つです。

『梵網経』下巻における「孝」字の用例を列挙すると以下のようになります。

（1）【梵網戒を説き始める】釈迦牟尼仏は……まず菩薩の戒条を作り、父母にも師僧にも〔仏宝・法宝・僧宝の〕三宝《さんぼう》にも素直に従うこと、究極の教えに素直に従うこと、この素直さを戒めと呼び、悪行の停止とも言う〔と定め〕、……（第二章72頁）

（2）【重罪第一】菩薩は常に慈悲の心と素直で従順な心を保ち、手立てを講じて〔生きもの〕を救うべし〔原文「是菩薩応起常住慈悲心孝順心、方便救護」〕。それなのに逆に、身勝手な思いから生きものを殺して喜ぶならば、菩薩の重罪である。（第二章76頁）

（3）【重罪第二】……菩薩は常に仏性に素直に従う心と慈悲の心〔原文「仏性孝順慈悲心」〕を起

こし、常に一切の人々を助け、福徳を生み出し安楽を起こしてやるべきなのに、……
（第二章77頁）

（4）【重罪第三】菩薩は素直で従順な心（原文「孝順心」）を起こし、一切の生きものを助け出し、清らかな教えを人に施すべきなのに、ところが逆に……母親や娘、姉や妹、六親《りくしん》までをも姦婬し、慈悲心の欠片もないなら、菩薩の重罪である。
（第二章78頁）

（5）【重罪第十】菩薩は異教徒や悪人がほんの僅か一言でも仏を誹謗するのを見たら、まるで三百の鉾で心臓を突き刺されたかのように〔辛く感じる〕。まして自らの口で〔三宝を〕謗り、信ずる心や素直で孝順な心を起こさない（原文「不生信心孝順心」）なら尚更なのに、……
（第二章85頁）

（6）【軽罪第一】もし仏子〔である汝〕が国王の位を得たい、転輪王の位を得たい、諸官僚の位を得たいと欲する時は、まず先に菩薩戒を受けるべし。……。受戒し終えた以上は、素直で従順な心と恭しい尊敬の心（原文「孝順心恭敬心」）を起こせ。
（第二章87頁）

（7）【軽罪第十三】父母・兄弟・六親に従順な心と慈しみの心を起こすべきなのに〔原文「父母兄弟六親中、応生孝順心慈心」〕、ところが逆に、彼らに反撃するならば、〔死後、輪廻して〕不本意の生まれに堕ち、軽垢罪に当たる。（第二章99頁）

（8）【軽罪第十七】……〔自ら求めるばかりか〕他人にも欲求させ、まったく慈しみの心なく、従順な心もないならば〔原文「都無慈心、無孝順心」〕、軽垢罪に当たる。（第二章103頁）

（9）【軽罪第二十一】もし国王が他の誰かに殺されても、報復を加えてはならぬ。命ある者を殺されたことに対してその命ある〔殺人〕者〔を殺すことによって〕報復しようとすることは孝の道〔原文「孝道」〕に外れる。（第二章106～107頁）

（10）【軽罪第二十八】七仏には、個別接待の教えはない。それは孝の道〔原文「孝道」〕に反する。もし故意に僧を個別に食事接待するならば、軽垢罪に当たる。（第二章115頁）

（11）【軽罪第三十五】仏子〔である汝〕は、常に〔以下の〕すべての誓願を発こすべし。㈠父母や師僧に従順でありますように〔原文「孝順父母師僧」〕ように。㈡願わくは好き師を得られますよ

うに。（第二章126頁）

（12）【軽罪第四十六】もし説法する時は、法師が高いところに坐り、香や花で敬意をもってもてなされ、四種の聴衆は低いところに坐って、あたかも父母を敬愛して従順として、師の教えに従うが如く（原文「如敬孝順父母、順師教」）、そして火を祀る婆羅門のようにせよ。（第二章148頁）

（13）【軽罪第四十八】たとい自ら地獄に入り、それが百カルパの長きに及ぶとも、一度たりとも、悪い言葉で仏戒を破滅させようとする人の声を聞いてはならぬ。まして自ら仏戒を破壊し、人に破壊の方策を教えるなら尚更であり、やはりそこに〔仏戒への〕素直で従順な心は存在しない。（第二章150～151頁）

右に掲げた、「孝」ないし「孝順」を用いる原文の現代日本語訳十三条から、『梵網経』に現れた「孝」と「孝順」の意味を考えてみましょう。

『梵網経』は親孝行という儒教倫理を重視すると論ずる旧来の研究は大きな誤解をしています。それは、「孝」は「父母に向けた孝」に限るという思い込みです。ここで改めて検討したいのは、

『梵網経』の「孝」や「孝順」は何に向けられているか、つまり孝の対象は何かということです。

右の十三条で傍点を付けた現代日本語訳と（ ）で補った原文は、「孝」または「孝順」という原文に直接関係します。原語と、それが何に向けられたものかを整理すると次のようになります。特に**太字で表した心と心の向ける対象**に注目してください。

番号	条文に現れる原語		孝順心・慈悲心を向ける対象
（1）	孝＝戒＝制止	―	総論 →（仏説） （孝を向ける対象を明記せず）
（1）	孝順	―	→ 父母、師僧、三宝
（12）	（如）敬孝順	―	→（如）父母
（12）	（如）順	―	→（如）師教
（2）	孝順心	―	→（救護）一切有命者
（4）	孝順心	―	→（救度）一切衆生
（3）	孝順（心）	―	→ 仏性
（5）	孝順心	―	→ 三宝
（6）	孝順心	―	→（戒／仏戒／仏説）
（7）	孝順心	―	→ 父母、兄弟、六親
（11）	孝順	―	→ 父母、師僧

（8）	孝順心	―	（孝順心の対象を明記せず）
（13）	孝順之心	―	→（仏戒／仏説）
（9）	孝道	―	→（仏説／仏法）
（10）	孝道	―	→（仏説／仏法）⇕別請
（2）	―	慈悲心	→（救護）一切有命者
（3）	―	慈悲心	→（助）一切人
（8）	―	慈悲心	→（仏法）
（7）	―	慈悲心	→ 父母、兄弟、六親
（5）	―	信心	→ 三宝
（6）	―	恭敬心	→（受）戒

右の一覧表から何が分かるでしょうか。「孝」「孝順（心）」「孝道」「慈悲心」等に関する『梵網経』十三条中の二十一用例のうち、「孝」「孝順」の向かう対象は、『一a』仏の教え（「仏説」「仏性」「戒」「師教」）か、『一b』仏教の崇敬対象（「三宝」）か、『一c』仏教で救済すべき対象（「一切衆生」「一切人」）である場合が圧倒的に多く、『二a』「父母」に向かう孝順を示す用例は（12）の一例のみであり、『二b』「父母、兄弟、六親」という語で肉親全体に拡大する用例も僅かに（7）の一例のみであることを示します。「孝」と「孝順」と別に共に現れる「慈悲心」や「信心」「恭敬心」が向かう対象もまた同等に、『一』仏教と関係するものである場合がほとんどであり、『

二』「父母、兄弟、六親」に向かう「慈悲心」は僅かに（7）の一例に過ぎません。このことは、『梵網経』の「孝」と「孝順」は『二』父母を対象とする親孝行を意味する場合もあるが、比率は低く、むしろ『一』仏の教えである「仏性」や「戒」に対する「孝」「孝順」を示す場合の圧倒的優勢を示しています。『梵網経』の「孝」字の主たる意味は親孝行ではないのです。

最も注目すべきは、最初の用例（1）「父母にも師僧にも〔仏宝・法宝・僧宝の〕三宝《さんぼう》にも素直に従うこと、究極の教えに素直に従うこと、この素直さを戒めと呼び、悪行の停止とも言う〔と定め〕」たという文です（原文「孝順父母師僧三宝、孝順至道之法、孝名為戒、亦名制止」）。現代語訳と原文を比べると分かるように、「孝」と「孝順」は同義語ですが、敢えて区別して訳すなら、「孝」は「素直さ」を、「孝順」は「素直に従うこと」を意味し、それは父母にも当然向けるべきであるけれども、更に対象を拡大して自らの師となる僧侶（「師僧」）にも、仏教の総体である三宝にも、即ち自らが相い対するすべてに向けるべきことを表しています。

『梵網経』下巻に説かれる「孝」や「孝順」は親孝行でなく、それを越えた、仏の教えや仏教そのもの全般に向けられています。それが「孝ヲ名ヅケテ戒ト為シ、亦タ制止ト名ヅク」という一節の意味なのです。

三、「戒」と「孝」の繋がり

孝は普通、親孝行を表すのに、どうしてこの経典だけが孝と戒を同じと説くのかと訝しく思う読者もきっといるでしょう。「孝」という字の意味についての疑問です。

これについては二つの方向から答えることができるとわたくしは思います。

一つは、本経以外の漢訳仏典でも「孝」を「戒」の意味で使っていると断定できる書物があることです。失訳（漢訳者名不明）『那先比丘経《なせんびくきょう》』巻上に現れる「孝順」がそれです（船山二〇一七／二〇二三・三四四頁〔20〕）。那先はインド僧ナーガセーナ **Nāgasena** の漢字音写。この比丘とギリシャ人ミリンダ王の間で交わされた問答で、『ミリンダ王の問い（ミリンダ・パンハ *Milindapañpa*）』という題名で知られています。「孝順」が現れる原文の訳を示します。

〔ミリンダ〕王は更にナーガセーナ〔比丘〕に訊ねた、「他の善いことは何か」。

ナーガセーナは言った、「⑴信じること（原語「誠信」）、⑵従順であること（原語「孝順」）、⑶努力（原語「精進」）、⑷心を善事に集中すること（原語「念善一心」）、⑸智慧（原語も同じ）、これらが善いことです」。

王が言った、「⑴信じるとは何か」。

ナーガセーナは言った、「信じ、疑いを持たないことです。仏はいる、経典の教えはあると信じ、比丘の集団はあると信じ、阿羅漢はいると信じ、現世はあると信じ、来世はあると信じ、父母に従順であること（「孝順」）を信じ、善いことをすれば善いことが得られると信じ、悪いことをすれば悪いことが得られると信じることです」。

……

王は言った、「(2)従順であること（「孝順」）とは何か」。

ナーガセーナは言った、「諸の善いことはすべて(2)従順であること（「孝順」）です。悟りに至る三十七種の修行道は、すべて従順であること（「孝順」）を根本とします」。

王は言った、「悟りに至る三十七種の修行道は何か」。

……

王は更に問うた、「八種類の正しい道（原語「八正道」）とは何か」。

ナーガセーナは言った、「一は真っ直ぐな（即ち正しい）見解、二は真っ直ぐな記憶（原語「直念」）、三は真っ直ぐな言葉、四は真っ直ぐな思考（原語「直治」）、五は真っ直ぐな振る舞い（原語「直業」）、六は真っ直ぐな手立て（原語「直方便」）、七は真っ直ぐな意志（原語「直意」）、八は真っ直ぐな精神統一（原語「直定」）、これが八種類の正しい道です。〔以上に述べた〕悟りに至る三十七種の修行道はいずれも従順であること（「孝順」）が根本です」。（三二・七〇七中～七〇八上）

＊「（三二・七〇七中～七〇八上）」は大正新脩大蔵経の巻・頁。以下同様

右の原文に「孝順」は五回現れ、「従順であること」と訳しました。一方、漢訳と別に現存するインド語原典『ミリンダ・パンハ』において漢訳「孝順」の原語はサンスクリット語の「シーラ sīla」に相当することが中村元・早島鏡正両氏によって指摘されています（中村・早島一九六三・一〇五頁注三三「漢訳では…戒行（sīla）を「孝順」…と訳している」）。

わたくしは現在は他の例を見出せませんが、孝順が「シーラ sīla」の漢訳となり得る例が確かにあることは、右の一節から間違いありません。この用法に注目する『梵網経』研究者は現在わたくし一人であり、数も僅か一例のみとはいえ、「戒」と「孝」「孝順」の間に意味の繋がりを示す『梵網経』を理解する上で、不可欠の用例です。

漢訳『那先比丘経』は失訳なので、訳した年代がいつか分かりませんが、後代の経典目録の模範とされた［唐］智昇『開元釈教録』は東晋頃の失訳と推定しますから、恐らく［後秦］鳩摩羅什等より前の訳であったらしいと言えそうです。では、その頃あるいはそれ以前に「孝」を親孝行の意味以外に用いることはあったか、なかったかと問いを進めるなら、わたくしは「孝」が親孝行以外を意味する書物は他にもあったに違いないと思います。例えば「孝」を主題とする儒教典籍と言えば『孝経《こうきょう》』が思い浮かびます。『孝経』は親への孝を説く経典であるのは勿論ですが、時にまた、孝の対象を親以外の更に幅広い事象に向ける、次のような例もあるのです。

○夫れ孝は親に事《つか》うるに始まり、君に事うるに中《なか》し、身を立つるに終わる。（開宗明義章「夫孝始於事親、中於事君、終於立身」）

○〔天下の〕親を愛する者は敢て人をして〔其の親を〕悪《にく》ましめず、親を敬する者は敢て〔其の親を〕慢《あなど》らしめず。愛敬をば親に事うるに尽くして、徳教百姓に加わり、四海（四夷）に刑《のっと》（法）らるは、蓋し天子の孝なり。（天子章「愛親者、不敢悪於人。敬親者、不敢慢於人。愛敬盡於事親、而徳教加於百姓、刑于四海、蓋天子之孝也」）

○孝を以て君に事うれば則ち忠なり、敬を以て長に事うれば則ち順なり。忠順失せず、以て其の上《かみ》に事え、然る後能く其《そ》の禄位を保ち、其の祭祀を守るは、蓋し士の孝なり。（士章「以孝事君則忠、以敬事長則順。忠順不失、以事其上、然後能保其禄位、而守其祭祀、蓋士之孝也」）

四、本経注釈より

続けて『梵網経』の注釈に現れる説も見ておきます。まず参照すべきは、〔隋〕智顗《ちぎ》の教説を直弟子の〔隋唐〕灌頂《かんじょう》が記録した『菩薩戒義疏』巻下の解説です。

『爾雅《じが》』（現存最古の訓詁《くんこ》書）は言う、「父母に善く仕えることが「孝」（素直さ）である」(1)。この「孝」（素直さ）とは「順」（従順さ）である(2)。〔例えば〕太史叔明《たいししゅくめい》(3)は「順」という語で「孝」

を注釈している。(4)

〔次に〕『孝経《こうきょう》鉤命決《こうめいけつ》』(漢代の讖緯《しんい》書)は言う、「〔「孝」は〕「究竟《くきょう》」(極め尽くす)を意味し、〔「究竟」は〕すべてを知り尽くすこと(了悉)である。〔故に「孝」は〕終始、親の顔色を見てすべてを知り尽くすことである。(5) また〔別解として「孝」は〕「度」(計測する)を意味すると解してもよく、「度」は礼節である。〔故に「孝」は、親が〕冬は温かく夏は凊《すず》しく感じるよう礼節に適合させること(合儀)である」。(6)

『爾雅』云「善事父母為孝」(1)。孝即順也(2)。太史叔明用順釈孝(3)。(4)『孝経鉤命決』云、「孝字訓究竟、是了悉始終色養也(5)。亦可訓度、度是儀法、温清合儀也(6)」。 (四〇・五七〇下)

(1)『爾雅』釈訓篇「張仲孝友、善父母為孝、善兄弟為友」。

(2)『礼記』祭統篇「孝者畜也、順於道、不逆於倫、是之謂畜」。

(3)太史叔明は梁代の儒者。『梁書』儒林列伝「太史叔明、呉興烏程人、呉太史慈後也。少善『荘』、『老』、兼治『孝経』、『礼記』、其『三玄』尤精解、当世冠絶、毎講説、聴者常五百余人。歴官国子助教。邵陵王綸好其学、及出為江州、携叔明之鎮。王遷郢州、又随府、所至輒講授、江外人士皆伝其学焉。大同十三年、卒、時年七十三」。『隋書』経籍史一「『孝経義』一巻〈梁揚州文学従事太史叔明撰。梁有『孝経玄』、『孝経図』各一巻、『孝経孔子図』二巻、亡〉」。『同』経籍史一「『論語』七巻〈盧氏『注』。梁有晋国子博士梁覬、益州刺史袁喬、尹毅、司徒左長史張憑及陽恵明、宋新安太守孔澄之、斉員外郎虞遐及許容、曹思文『注』、釈僧智『略解』、梁太史叔明『集解』、陶弘景『集注論語』各十巻。又『論語音』二巻、徐邈等撰。亡〉」。

（4）「順ヲ用イテ孝ヲ釈ス」とは、「孝」は即ち「順」なりということ。

（5）『論語』為政篇「子游問孝。子曰、「今之孝者、是謂能養。至於犬馬、皆能有養。不敬、何以別乎」。子夏問孝。子曰、「色難。有事、弟子服其労。有酒食、先生饌、曽是以為孝乎」」。劉義慶『世説新語』徳行篇「王長豫為人謹順、事親尽色養之孝」。

（6）『礼記』曲礼上篇「凡為人子之礼、冬温而夏凊、昏定而晨省」。袾宏『梵網経心地品菩薩戒義疏発隠』巻二『鈎命』訓孝、目有五義、摘其二者、曰究曰度。……。略為三義。一曰順者、承顔養志、無所違忤、如曽参・閔損之類是也。二曰究竟者、了悉始終、一心無間、現柔和色、務悦其親、如大舜・莱子之類是也。三曰度者、昏定晨省、夏凊冬温、儀度周備、如文王・薛包之類是也」（続蔵経一・五九・四・三五二裏上）。

智顗は『梵網経』の「孝順」を取り上げ、「孝」を「順」と同義と見なしています。智顗によると、孝と順を同義と注釈した先人は梁の太史叔明であるようですが、残念ながらその原文も書名も不明です。智顗のこの一節に注釈した後代の注釈家たちも誰一人「太子叔明」について解説を補足しないのは、智顗以降、太史叔明の注が散佚したことを暗示しているのかも知れません。

五、「仏子」の意味と意義

本経は下巻を通じて、菩薩に呼びかける時、「仏子よ――ブッダの子（息子）よ」という語を一貫して用います。一般に経典は対話形式を採り、舎利弗《しゃりほつ》（シャーリプトラ）や須菩提《しゅぼだい》（スブーティ）

など特定の名で直接呼びかけるか、または「善男子、善女人（良家の士女よ）」と名を特定せず一般的に呼びかけて対話を進めるかのどちらかです。『梵網経』の「仏子」は「善男子、善女人」に類する、一般的な呼びかけです。『梵網経』は、「仏子」とはどのような者かを、こう説明します。

> 生きものは仏戒を受け、すぐに仏の境地に入り、偉大な覚者（仏）と同じ境地になるから、真に仏子《ぶっし》（ブッダの子供）である。
>
> （本文は船山二〇一七／二〇二三・六八頁。T.二四・一〇〇四上。第二章71頁）

対話する相手の菩薩が釈迦牟尼仏に等しい境地にあり、仏の教えを引き継ぎ、仏の教えを実践するに相応しい者と認め、褒めあげる意味を込めて「仏子」と呼ぶのです。では、まだ悟っていない者は勝れた修行をする衆生（生きもの）であるとしても、修行途中の者が「偉大な覚者（仏）と同じ境地になる」とはどんな意味でしょうか。これについて『梵網経』下巻は冒頭の序文に当たるところで次のように説明しています。

> 〔仏が菩提樹の下で説いた唯一の戒である梵網戒、それが〕金剛宝戒《こんごうほうかい》〔であり〕、一切諸仏の根本原因であり、一切諸菩薩の根本原因であり、仏性の種子である。一切の生きものには仏性

が備わっている。一切の意識や物事への心、すべての気持ちや心はみな仏性戒の中に収まる。将来の果報にはそれぞれ必ず原因があるから、〔菩薩戒を受けて修行すれば〕必ず将来その都度、常住の法身が〔果報として〕生じる。

（二四・一〇〇三下。第二章69頁）

ここから仏子の意味を深く理解するなら、キーワードは「仏性」（ブッダの本性）です。すなわち一切の生きものには、現時点でまだ悟っていなくても、将来に仏となれる可能性が既に潜在的に備わっているという考え方です。どんな人にもどんな動物にも、すべての生きものに「仏性」が備わっており、それが顕在化して現実となった者を「仏」と呼び、まだ現実化せず潜在能力のままにとどまっている者を「仏子」と呼ぶのです。「仏」と「仏子」の差は仏性が既に発現したか将来発現するかの違いであるため、仏とその子という関係で繋ぐことができます。

正にこれと同じことを仏を視点として述べるところ言えます。釈迦牟尼にせよ他の仏にせよ、どんな仏も二つの原因があります。一つは仏の肉体を生み出した父母です。父母から生まれた体を父《ぶ》母《も》生身《しょうしん》と言います。これは現象世界の仏身です。もう一つは悟りの智慧を体得して生まれた仏です。このような仏は肉身（色身《しきしん》、物質的な体）でなく、真実・真理・本性を備えた体です。このような仏を法性生身《ほっしょうしょうしん》や法身《ほっしん》と呼びます。宗教的な意味の仏身です。凡そ仏にはこの二種類の体があります。修行を終えた「仏子」が有する体も、この第二の意味の仏身です。修行を続ける菩薩は、父母から生を受けてこの世に現れましたが、修行の成果として最終的には、真実・真理・本性を備えた仏（法性生身・法身）として諸仏と同じ体を共有します。このような考え方を大枠として本経における「仏子」と「戒」「孝」の意味を理解するならば、そこに有機的な繋がりがあることが分かります。修行者は、この世に生を受けた者としては、自らを生んでくれた父母に孝順心（素直で従順な心）を起こします。しかし一旦修行を始めたら、実際の指導を受ける仏教の師匠に孝順心を起こします。そして心は物質的な建造物としての寺や仏像、肉体を持つ師匠に対するのみにとどまりません。果ては仏教そのものへの孝順心を起こし、仏・法・僧の三宝を敬います。とりわけ仏宝に孝順となり最大の敬意を払います。このように「孝順心」（＝孝）を要として「父母」・「師匠」・「仏」は一つの線上に並び、「仏性」を共有することで「仏」と「仏子」は繋がります。

以上をまとめると、『梵網経』下巻に現れる「孝」は、単に父母への親孝行という儒教倫理を示すのでなく、それを含み、更に宗教的な方向に広がりを持つ、意味の広い言葉なのです。

コラム1

遂に漢訳されずに終わった『梵網経』大本にまつわる伝説

菩薩戒を説く『梵網経』は、上巻と下巻を通じて全体を「菩薩心地品」と呼びます。「品《ほん》」は書物の章を意味します。最も早い時代には「菩薩心地品」だけでしたが、その後、数世紀を経るうちに中国で品名がより詳しくなり、下巻冒頭に現れる「盧舎那仏」を付けたり、「菩薩心地品」を「菩薩心地戒品」という詳しい名にしたり、その品（章）を漢訳されなかった『梵網経』完本の十番目の章という意味で「第十」を付けるという変化が起きました。そのようなわけで大正新脩大蔵経本の底本となった高《こう》麗蔵再雕本《らいぞうさいちょうほん》（十二世紀前半）は『梵網経』下巻の名を詳しく補い、『梵網経盧舎那仏説菩薩心地戒品第十巻下』と表します。

『梵網経』は、後秦の鳩摩羅什が生前最後に訳した、秘せられた経典という名目で、中国社会に忽然と現れました。その際、実際に中国人が眼にしたのは、『梵網経』「菩薩心地品」という『梵網経』全体のたった一章でした。それが社会に現れると、『梵網経』には「菩薩心地品」以外にも多くの「品」（章）があったが、それらは中国に伝わらず、ただ一つ「菩薩心地品」のみが例外的に鳩摩羅什によって訳されたという伝説が同時に生まれました。「菩薩心地品」を「第十」つまり第十章と言い表すのも、『梵網経』には未訳の大本がインドに存在したという伝説の現れです。

『梵網経』は、そのあちこちで、本経の「菩薩心地品」以外の未訳箇所に触れます。その場合、それらを「〜品」という具体的な品名で呼びます。そうした未訳の他章に言及する箇所は、『梵網経』上巻に十一箇所、下巻に八箇所あります。身も蓋もない言い方をしてしまうと、それら都合十九箇所はすべて存在しない、架空の章名への言及です。したがってそうした言及に繋がる内容を他の漢訳経典に求めても、合致するものを見出すことはできません。

架空の他章に言及する仕方として興味深いのは、それらすべての場合ではありませんが、しばしば「菩薩心地品」よりも前の箇所に、既に現れた章名であるか、それとも「菩薩心地品」より後の箇所に現れる章名を予告しているかが分かるように書き分けています。

下巻で最初に現れる他品は「八万威儀品」であり、それを「八万威儀品当広明」（八万威儀品に当に広く明かすべし）と「当」字を用いて言及します。この「当」は仏教漢語に多く見られる未来形を示す「当」です。つまり「詳しくは本経で後に「八万威儀品」を説く時に、そこで詳しく解き明かすであろう」という意味です。その他の言い回しも幾つか紹介しておきましょう。下巻には次のような言い方が見られます。

「後で〔本経の〕「八万威儀品」という章で〔更に〕詳しく解き明かそう」（86頁、重罪戒結びの末尾）

「〔その内容は〕「六六品」に詳しく示す」（98頁、軽罪第十末尾）

「「滅罪品」中で一々の戒を解説する通りである」（106頁、軽罪第二十末尾）

「「制戒品」の中で詳しく解説する」（120頁、軽罪第三十末尾）

「〔詳しくは後に〕「梵坦品」で解説しよう」

（136頁、軽罪第三十九末尾）
「〔詳細は〕既に「無相天王品」の勧学〔という節〕で逐一説き明かした通りである。（154頁、十重四十八軽戒の全体の結び）
更に上巻には、「羅漢品中已明」（「羅漢品」中に已に明かせり）や「上十天光品広説」（上の十天光品に広く説けり）のように、「已」や「上」という字で、それらの品名は「菩薩心地品」より前の箇所に現れることを示す例があります。
いずれにせよ、『梵網経』「菩薩心地品」を偽経と見なすならば、そこに見られる本経他品の名はすべて架空の章名です。本経をなるべく具体的に、そして偽作でなくインドに実際に存在した大本の一部であったと見せかけるための、周到に趣向を凝らした仕掛けとは思いませんか。

第二章　『梵網経』下巻最古の原文と現代語訳

凡例

本章は、以下の方針による『梵網経』の原文と現代日本語訳です。

一、各頁を上下二段組みとします。上段は「現段階で知り得る最も古い原文」です。下段は上段の「現代日本語訳」です。両段の対応関係を分かりやすいよう適宜空白の行を加えますが、『梵網経』下巻全部の原文と全訳であり、文言の省略はありません。

二、上段の「現段階で知り得る最も古い経典原文」は、船山（二〇一七／二〇二三・三三〜二七三頁）第二章「『梵網経』下巻の本文──最古形と後代の書換え」の《一、最古形（批判校訂版）》から転載しました。

三、原文の句読は「、」と「。」のみを用います。

四、上下段に**【太字】**で示した内容説明文は、船山による補足です。

五、下段の「現代日本語訳」は、主に船山（二〇一七／二〇二三・二七五〜三二七頁）に基づき、部分的に船山（二〇一九b）の訳をも取り入れ、原語の意味を平易な日本語で訳しました。その際、仏教用語だらけの難解な訳となることを避けるよう心懸けました。

六、〔　〕は原語にない訳語の補足です。（　）内は語の説明または原語です。

七、原文と現代語訳に注記が必要な場合は、各段落末に二字下げて注を補足します。

『梵網経』「菩薩心地品」

『梵網経《ぼんもうきょう》』の「菩薩《ぼさつ》の心の基盤(1)」という章(2)

（1）大地のようにしっかりした、菩薩の心の基盤。

（2）『梵網経』は別名『梵網経《ぼんもうきょう》盧舎那仏説《るしゃなぶつせつ》菩薩《ぼさつ》心地《しんじ》品第十《ぼんだいじゅう》』とも言う。そして更に後になると『梵網経盧舎那仏説菩薩心地戒品第十』と「戒」という字を補う名に変わった。『梵網経』という名前をどのような意味に解すればよいかは大問題である。これまで百年以上使われてきた英訳や仏訳の題名は誤訳であったと断定できる。それについては後に現れる【「梵網」の由来】という項の訳と注1を見よ（67〜68頁）。

爾時盧舎那仏、為此大衆、略開百千恒河沙不可説法門中「心地」、如毛頭許、是過去一切仏已説、未来仏当説、現在仏今説。三世菩薩已学当学今学。我已百

【盧舎那仏の教え（一）】

その時(1)、盧舎那仏《るしゃなぶつ》は(2)、百千恒河沙《ひゃくせんごうがしゃ》(3)程夥しい多数の、言葉で説明できない程に〔深い〕法門《ほうもん》(4)の中の「心の基盤」〔という教え〕をこれらの聴衆にあらまし伝えた。〔ただ、それは教えの全体から見るとほんの僅かな〕毛先程の分量であった。〔仏は言った。この教えは〕過去の一切の諸仏が説いた〔教え〕、将

劫修行是心地、号吾為盧舎那。
汝諸仏、転我所説、与一切衆生
開心地道。

来の諸仏が説くであろう〔教え〕、そして現在の諸仏が今説いている教えである。〔過去・現在・未来の〕三世《さんぜ》の諸菩薩《しょぼさつ》(5)が既に説いた〔教え〕、将来説くであろう〔教え〕、そして今説いている教えである。我は既に百カルパ(6)〔という長大な時間〕の間、〔菩薩の〕この心の基盤を実践し、自らを盧舎那と称している。汝ら諸仏よ、我の教説を示す先を転じ、一切の生きもののために〔菩薩の〕心の基盤の教えの道を開き示せ、と。

（1）唐突に「その時」から始まるということは、『梵網経』にはこの章より前に別の章があるが、それは漢訳されなかったことを暗に意味する。

（2）盧舎那仏は毘盧遮那仏《びるしゃなぶつ》の略。サンスクリット語でヴァーイローチャナ Vairocana と言い、大乗経典『華厳経《けごんぎょう》』で有名。本経ではこの後、盧舎那が釈迦牟尼《しゃかむに》仏（＝釈尊《しゃくそん》）に姿を変え説法を始める。

（3）ガンガー河（恒河、Gaṅgā ガンジス河）の河辺にある砂粒（沙）程数限りない様を「恒河沙」と言う。「百千恒河沙」はその百千倍。

（4）「法門」は、仏法に入って行くための教え（法）の入り口（門戸・扉）。

時蓮華台蔵世界赫赫天光師子座上、盧舎那仏放光光、告千華上仏、持我「心地法門品」而去。復転為千百億釈迦、一切衆生、次第説我上「心地法門品」。汝等受持読誦、一心而行。

（5）菩薩は菩提薩埵《ぼだいさった》（ボーディ・サトヴァ bodhi-satva/sattva）とも言う。大乗仏教の理想である悟り（菩提）に向かう勇士 satvan を意味する。自らの修行である自利行《じりぎょう》だけでなく、他の者たちを救うために、利他行《りたぎょう》を行う。

（6）漢字音写「劫」の原語「カルパ kalpa」は長大な時間の単位。

【盧舎那仏の教え（二）】

その時、蓮華台蔵世界《れんげだいぞうせかい》(1)でまばゆく輝く神々しい光〔を発する〕師子座《ししざ》(2)の上に〔坐す〕盧舎那仏は、様々な光を放ち、〔師子座を飾る〕千の花弁《かべん》の上〔に坐す〕諸仏に告げた。我が「心《しん》地法門品《じほうもんぼん》」〔という章に説く教え〕を持って退去せよ。そして更に、教えを転じて、千百億(3)の釈迦と一切の生きものたちのために、我が既に説いた「心地法門品」を順に弘めよ。汝らはこれを受け取り読誦《どくじゅ》し、一心に実行せよ。

（1）「蓮華台蔵世界」は「蓮華蔵《れんげぞう》世界」とも言う。『華厳経』に説かれる盧舎那仏が住まう大世界。

（2）「師子座」は仏が坐して説法する座。仏の勇猛さを師子（ライ

爾時千華上仏千百億釈迦、従蓮華蔵世界赫赫師子座起、各各辞退、挙身放不可思議光、光皆化無量仏、一時以無量青黄赤白華、供養盧舎那仏、受持上説「心地法門品」竟、各各従此蓮華蔵世界而没。没已、入体性虚空華光三昧、還本原世界閻浮提菩提樹下、従体性虚空華光三昧出。出已、方坐金剛千光王座、及妙光堂、説十世界海。

オン）に喩える。

（3）古典漢語「億」には十万や千万など幾つかを意味する。本書では敢えて訳さず原語のままとする。

【千百億の釈迦仏】

その時、千の花弁上の仏〔とその化仏《けぶつ》を合わせた〕千百億の釈迦は、蓮華蔵世界のまばゆく輝く師子座から立ち上がり、それぞれ退去し、体中《からだじゅう》から不可思議な光を放ち、光は皆、無数の諸仏に変わった。そして同時に、計り知れない青赤黄白各色(1)の花弁で盧舎那仏に敬意を表し、上説の「心地法門品」を説いた後、それぞれ〔の釈迦〕はこの蓮華蔵世界から消えた。消えた後、体性虚空華光三昧《たいしょうこくうけこうさんまい》(2)に入り、根本世界の中の閻浮提《えんぶだい》にある菩提樹《ぼだいじゅ》(3)の下に戻り、体性虚空華光三昧から出ると、金剛《こんごう》千光王座《せんこうおうざ》(4)および妙光堂《みょうこうどう》(5)に坐し、十世界海《じゅうせかいかい》〔の教え〕を説いた。

復従座起、至帝釈宮、説十住。

復従座起、至炎天中、説十行。

復従座起、至第四天中、説十廻向。

復従座起、至化楽天、説十禅定。

復従座起、至他化天、説十地。

復至一禅中、説十金剛。

復至二禅中、説十忍。

復至三禅中、説十願。

復至四禅中摩醯首羅天王宮、説我本原蓮華蔵世界盧舎那仏所説「心地法門品」。其余千百億

更に、その座から立ち上がり、帝釈天《たいしゃくてん》（インドラ神）の宮殿に行き、十住《じゅうじゅう》〔の教え〕[6]を説いた。

更に、その座から立ち上がり、炎天《えんてん》（ヤマ天）で十行《じゅうぎょう》〔の教え〕[7]を説いた。

更に、その座から立ち上がり、第四《だいし》〔禅《ぜん》〕天《てん》に行き、十廻《じゅうえ》向《こう》〔の教え〕[8]を説いた。

更に、その座から立ち上がり、化楽天《けらくてん》に行き、十禅定《じゅうぜんじょう》〔の教え〕[9]を説いた。

更に、その座から立ち上がり、他化《たけ》〔自在《じざい》〕天《てん》に行き、十《じゅう》地《じ》〔の教え〕[10]を説いた。

更に、第一禅《だいいちぜん》（初禅天《しょぜんてん》）に行き、十金剛《じゅうこんごう》〔の教え〕[11]を説いた。

更に、第二《だいに》禅に行き、十忍《じゅうにん》〔の教え〕[12]を説いた。

更に、第三《だいさん》禅に行き、十願《じゅうがん》〔の教え〕[13]を説いた。

更に、第四《だいし》禅の摩醯首羅天王《まけいしゅらてんのう》（＝大自在天《だいじざいてん》）の宮殿に行き、我が根本蓮華蔵世界の盧舎那仏が説く「心地法門品」[14]を説いた。

他の千百億の釈迦もこのように、まったく同じであった。〔そ

釈迦亦復如是、無二無別、如
「賢劫品」中説。

の詳細は、本経の」「賢劫品《けんごうぼん》」[15]に説く通りである。

（1）五色（五原色）から、光と無縁な黒を除いた四色。

（2）「体性虚空華光三昧」は「虚空を本性とする花と光に満ちあふれた精神統一」という意味。「三昧」は「サマーディ」の漢字音写。坐禅に入って得られる深い精神統一。

（3）「閻浮提」は我々の住むこの地上世界。「菩提樹」は釈迦牟尼が悟りを開いたボドガヤ（インド共和国ビハール州ガヤー）に今なお現存する。

（4）「金剛（ダイヤモンド）のように堅固な、様々な光を放つ王の座」は、菩提樹の下にある師子座のこと。

（5）「妙光堂」、不詳。

（6）『華厳経』十住品に相当する教え。同品によれば、十住とは、初発心住、治地住、修行住、生貴住、方便具足住、正心住、不退住、童真住、法王子住、灌頂住（九・四四四下〜四四五上）。

（7）『華厳経』十行品に相当する教え。同品によれば、十行とは、歓喜行、饒益行、無恚恨行、無尽行、離癡乱行、善現行、無著行、尊重行、善法行、真実行（九・四六六中〜下）。

（8）『華厳経』十廻向品に相当する教え。同品によれば、十廻向とは、

救護一切衆生離衆生相廻向、不壊廻向、等一切仏廻向、至一切処廻向、無尽功徳蔵廻向、随順平等善根廻向、随順等観一切衆生廻向、如相廻向、無縛無著解脱廻向、法界無量廻向（九・四八八中～下）。

（9）十禅定は未詳。仏駄跋陀羅訳『華厳経』に明記されていないものの如くである。

（10）『華厳経』十地品に相当する教え。同品によれば、十地とは、歓喜地、離垢地、明地、焔地、難勝地、現前地、遠行地、不動地、善慧地、法雲地（九・五四二下～五四三上）。

（11）『華厳経』離世間品に、十種の金剛心を発こして大乗を荘厳すべしと、十種の金剛心を列挙する（九・六四五上～六四六上）。

（12）『華厳経』十忍品に相当する教え。同品によれば、十忍とは、随順音声忍、順忍、無生法忍、如幻忍、如焔忍、如夢忍、如響忍、如電忍、如化忍、如虚空忍（九・五八〇下）。

（13）『華厳経』十明法品によれば、十願とは、願成就衆生心無憂慼、願長養善根厳仏刹、願恭敬供養一切如来、願不惜身命守護正法、願以種種諸智慧門悉令衆生生諸仏刹、願諸菩薩入不二法門入仏法門分別諸法、願令一切所欲見仏悉得見之、願尽未来際一切諸劫如須臾頃、願具足普賢菩薩所願、願一切種智之門（九・四六〇中）。

（14）本経の教え。本経の十心地法門品は、十心地品、十無尽蔵戒品、

爾時釈迦、従初現蓮華蔵世界、東方来入天宮中、説『魔受化経』已、下生南閻浮提迦夷羅国。母名摩耶、父字白浄。吾名悉達、七歳出家、三十成道、号吾為釈迦牟尼仏、於寂滅道場坐金剛華光王座、乃至摩醯首羅天王宮、其中次第十住処所説。

十無尽戒法品とも呼ばれる。

（15）「賢劫品」は中国に伝来しなかった梵網経「大本」（全本）の一章。詳細不明。

【釈迦牟尼仏の誕生】

そのとき釈迦は、まず蓮華蔵世界の東方より神々の宮殿に入って『魔受化経《まじゅけきょう》』[1]を説いた後、閻浮提《えんぶだい》南部の迦夷羅国《かいらこく》（カピラヴァストゥ国）[2]に下生《げしょう》した。母の名は摩耶《まや》（マーヤー）、父の名は白浄《びゃくじょう》（シュッドーダナ）、我が名を悉達《しったつ》（シッダールタ）と言い、七歳[3]で出家し、三十歳で悟りを完成（成道《じょうどう》）し、自ら釈迦牟尼仏《しゃかむにぶつ》と名乗り、静まりかえった悟りの場で金剛華光王座に坐し、摩醯首羅《まけいしゅら》天王の宮殿に至るまで、順に十所で説法した。

（1）『魔受化経』は『悪魔が仏の教化を受けたことを説く経典』。但し他に見えない経名なので詳細不明。

（2）閻浮提はジャンブドゥヴィーパの漢字音写で、この世で我々

時仏観諸大梵天王網羅幢、因為説、無量世界猶如網孔、一一世界各各不同、別異無量、仏教門亦復如是。

が住む地のこと。南閻浮提はその南方部分すなわちインドを示す。カピラヴァストゥは釈尊の生地。

（3）釈迦の出家を七歳とする文献は他にない。三十歳成道説は他の文献にもある。

【「梵網」の由来】

そのとき仏は、〔聴聞に訪れた〕諸《もろもろ》の大梵天王《だいぼんてんのう》たち（1）が網のかかった幢竿《はたざお》〔を携えて聴聞に来た〕のを見て、それに因んで、「無数の世界は、幢竿の網の目の形と同じである。それぞれ世界は異なり、限りなく多様である。諸仏の教えの解き方も同じである」と説いた。

（1）「大梵天王たち」は「偉大な、清らかなる神々の王たち」の意。本経中で経名『梵網経』の「梵」の意味と直接的に関わる唯一の文言である。ここから導き出せる経名『梵網経』は、『清らかな神々の持つ網状〔の幢幡〕についての経』である。現代日本語や現代中国語では『梵網経』という原題を漢字でそのまま表記できるので、日本人や中国人は『梵網経』の意味は何かを自覚的

吾今来此世界八千反、為此娑

に問う者がいなかった。わたくしもかつてその一人であった。そして英訳する必要がある時は、従来の英訳は、*Brahma Net Sūtra*、*Brahmā's Net Sūtra*、*Brahma-jāla-sūtra*、*Scripture of Brahma's Net*、*Scripture of Brahmā's Net* 等である。仏訳も同じく *Soûtra de Filet de Brahmā* である。これらの英訳と仏訳は『ブラフマー神（大梵天王、世界に一人だけ存在）の網のスートラ／経典』という意味を示す。「経」をわざわざサンスクリット語で「スートラ」と現代語訳することもまったく従えないが、何より、ブラフマー神の意味に解するのは完全な誤りである。本経がここで述べる事柄が経典名に関わる唯一の説明箇所であり、その原文は「諸大梵天王」と「諸」字を付して王が複数いることを明示している。したがって単一無二のブラフマー神（大梵天王）の意味に採ることは不可能である。詳細は船山（二〇一七／二〇二三・四五九〜四六八頁）を参照。わたくしはそこで可能な限り明瞭かつ強調的に論説したが、それでもまだ理解できずに古い誤訳を使い続ける研究者が後を絶たないので、ここに今一度注意喚起したい。

【釈迦牟尼仏の説法】

〔釈迦は更に続けた〕、我はこの世界に八千回やってきて、

婆世界、坐金剛座、乃至摩醯首羅天王宮、為是中一切大衆、略開心地竟、復従天王宮下、至閻浮提菩提樹下、為此地上一切衆生、凡夫、癡闇之人、説本盧舎那仏心地中初発心中常所誦一戒光明。金剛宝戒是一切仏本原、一切菩薩本原、仏性種子。一切衆生、皆有仏性。一切意識色心、是情是心、皆入仏性戒中、当当当有因故、有当当常住法身。如是十波羅提木叉、出於世界。是法戒是三世一切衆生頂戴受持。吾今当為此大衆、重説「十無尽蔵戒品」、一切衆生戒本原、自性清浄。

〔苦しみ多き〕この娑婆《しゃば》世界〔の生きものたち〕のために金剛座に坐し、摩醯首羅天王《まけいしゅらてんのう》(1)の宮殿に至るまでの間に、一切聴衆のために、〔菩薩の〕心の基盤をあらまし説き終え、その後、更に〔摩醯首羅〕天王の宮殿から下生して、閻浮提《えんぶだい》の菩提樹《ぼだいじゅ》の下にやってきて、この地の一切の生きもの、凡夫、理解の低い人々のために、根本である盧舎那仏の心地の最初の発心において常に読誦された唯一の戒の輝きを説いた。〔それが〕金剛《こんごう》宝戒《ほうかい》〔であり〕、一切諸仏の根本原因であり、一切諸菩薩の根本原因であり、仏性の種子である。一切の生きものには仏性が備わっている。一切の意識や物事への心、すべての気持ちや心はみな仏性戒の中に収まる。将来の果報にはそれぞれ必ず原因があるから、〔菩薩戒を受けて修行すれば〕必ず将来その都度、常住の法身が〔果報として〕生じる。このように十の戒条(2)がこの世に現れた。それは法であり戒であり、〔過去・現在・未来という〕三世の一切の生きものはそれを押し戴く。我は今、これら大聴衆のために、再び「十無尽蔵戒品」〔すなわちこの菩

我今盧舎那、方坐蓮華台、
周帀千華上、復現千釈迦。
一華百億国、一国一釈迦、
各坐菩提樹、一時成仏道。
如是千百億、盧舎那本身、
千百億釈迦、各接微塵衆。
倶来至我所、聴我誦仏戒。

薩戒の章」(3)を説こう。これこそ一切の生きもの〔が守るべき〕戒の根本原因であり、それは本来的に清らかである。

（1）マヘーシュヴァラ Maheśvara 神すなわちイーシュヴァラ神。
（2）「戒条」の原語「波羅提木叉《はらだいもくしゃ》」はサンスクリット語「プラーティモークシャ prātimokṣa」の漢字音写。生活の決まりに関する具体的な条項を集めたもの。十波羅提木叉《じゅうはらだいもくしゃ》は十重戒《じゅうじゅうかい》や十波羅夷《じゅうはらい》とも言う。本経の説く菩薩戒の根本十項目のこと。
（3）「十無尽蔵戒品」（十の尽き果てることなき戒の章）は本経『梵網経』の「菩薩心地品」の別称。

〔釈迦仏である〕我は、今や盧舎那仏《るしゃなぶつ》として蓮華台《れんげだい》に坐る。台を囲む千の花弁《かべん》には千の釈迦が現われている。一花弁に百億国が、その国ごとに一釈迦(1)が菩提樹の下に坐し、皆一斉に仏の悟りを成し遂げる。こうした千百億〔の釈迦〕は、本身は、盧舎那仏である。千百億の釈迦は、それぞれ無数の聴衆と繋がる。皆が我のいるここに来て、我が仏戒を諳誦《あんしょう》するのを聴け。甘《かん》

甘露門則開、是時千百億、
還至本道場、各坐菩提樹、
誦我本師戒、十重四十八。
戒如明日月、亦如瓔珞珠。
微塵菩薩衆、由是成正覚。
是盧舎那誦、我亦如是誦。
汝新学菩薩、頂戴受持戒。
受持是戒已、転授諸衆生。
諦聴我正誦、仏法中戒蔵。
波羅提木叉、大衆心諦信。
汝是当成仏、我是已成仏。
常作如是信、戒品已具足、

一切有心者、皆応摂仏戒。
衆生受仏戒、即入諸仏位。
位同大覚已、真是諸仏子。

露《ろ》の門は開かれた。この時、千百億〔の釈迦〕は、悟った元の場所に戻り、各々菩提樹の下に坐し、我が本師（盧舎那仏）の十重四十八戒を諳誦する。

戒は輝く日月のよう。また身を飾る玉《ぎょく》のよう。無数の菩薩たちがこの〔戒〕により正しい覚りを成し遂げる。

盧舎那が諳誦し、我も諳誦する〔この〕戒を、菩薩になったばかり(2)の汝らは、頭に押し戴き、受け守れ。

この戒を自ら受け守ったら、次は方向を転じて他の生きものたちに授けよ。しかと聴け、我が正しく諳誦する、仏法中の戒に蔵める戒条を。

聴衆よ、心してしかと信ぜよ、汝はやがて仏となる身(3)、我は已に仏となった身である。常にこう信ずれば、戒の種類は皆すでに揃っている。

一切の心ある生きものは皆、仏戒を修めるべし。生きものは仏戒を受け、すぐに仏の境地に入り、偉大な覚者（仏）と同じ境地になるから、真に仏子《ぶっし》（ブッダの子供）である。

大衆皆恭敬、至心聴我誦。

爾時釈迦牟尼仏、初坐菩提樹下、成無上覚。初結菩薩波羅提木叉、孝順父母師僧三宝、孝順至道之法、孝名為戒、亦名制止、即口放無量光明。是時百万億大衆、諸菩薩十八梵六欲天子十六大国王合掌、至心聴仏誦一切仏

聴衆皆の者よ、慎んで、一心に我が諳誦する〔戒〕を聴け。

（1）盧舎那仏の坐す蓮華の台には千枚の蓮華があり、その一々に一釈迦がおり、各釈迦は百億の国土を有し、各国土に一釈迦がいる。要するにこの最初の二偈は、盧舎那仏一体の坐す台座に千百億の釈迦が化仏として現れている様を表す。

（2）菩薩になったばかりで、これから様々な修行と経験を積んで行く新米の菩薩。

（3）将来に仏となる素質を備えた菩薩。

【梵網戒を説き始める】

その時、釈迦牟尼仏はまず菩提樹《ぼだいじゅ》の下に坐り、この上なき悟りを成し遂げ、まず菩薩の戒条(1)を作り、父母にも師僧にも〔仏宝・法宝・僧宝の〕三宝《さんぼう》にも素直に従うこと、究極の教えに素直に従うこと、この素直さを戒《いまし》め(2)と呼び、悪行の停止とも言う〔と定め〕、そこで仏は口から無限の輝きを放った。すると百万億の聴衆、すなわち菩薩たち、十八天の清らかな神々(3)、欲界《よくかい》(4)の六天の神々、〔地上の〕十六の大国の王たちは合掌し、

大戒。

仏告諸菩薩言、我今半月半月、自誦諸仏法戒。汝等一切発心菩薩亦誦、乃至十発趣、十長養、十金剛、十地諸菩薩亦誦。是故戒光従口出、有縁非無因故。光光非青黄赤白黒、非色非心、非有非無、非因果法。諸仏之本原、行菩薩之根本、是大衆諸仏子之

仏が一切諸仏の偉大な戒を諳誦《あんしょう》する様に一心に耳を傾けた。

(1)「菩薩の戒条」は菩薩が行うべき行為一覧。
(2)「孝」は「孝順」と同じ。従順なこと・素直な従順さを表し、それを「戒《いまし》め」と呼ぶ。
(3)「色界《しきかい》」は欲望が消えた物質のみの世界。十八の天の神々が住まう。
(4)「欲界」は我々の住む欲望に満ちた世界。

【梵網戒の意義】

仏は諸菩薩に言った。我《われ》は今から半月ごとに(1)諸仏の教えたこの戒めを自ら誦えよう。汝ら悟りを目指す菩薩《ぼさつ》たちも、果ては十発趣《じゅうほっしゅ》や十長養《ちょうよう》や十金剛《こんごう》や十地《じゅうじ》［の位に達した］菩薩に至るまで(2)、菩薩は皆誦えよ。故に戒の光が口から発すること、それには由縁《わけ》があり原因がある。戒の様々な光は(3)、青・黄・赤・白・黒いずれの色でもない。物でも心でもない。有でも無でもない。原因でも結果でもない。戒は諸仏の源であり、菩薩の修行道を進む根本であり、聴衆である仏子《ぶっし》たち(4)の根本である。故

根本。是故大衆諸仏子応受持、
応誦善学。

仏子、諦聴、若受仏戒者、国王王子、百官宰相、比丘比丘尼、十八梵六欲天、庶民黄門、婬男婬女、奴婢八部、鬼神金剛神、畜生乃至変化人、但解法師言、尽受得戒、皆名第一清浄者。

に聴衆の仏子は戒を受け守るべし。戒を誦え、しかと学ぶべし。

（1）戒条を守っているかの確認を半月ごとにする。
（2）本経の説く菩薩の修行は「十発趣心」「十長養心」「十金剛心」「十地」の四十位から成る。
（3）この前後の「非無因故光光非青黄赤白黒」の区切り方は、（一）「非無因故光。光非青黄赤白黒」と句切る注釈と、（二）「非無因故。光光非青黄赤白黒」と句切る注釈の二種がある。
（4）「仏子」は「仏の子」の意。仏と同じ素質を持つ継承者なのでこう呼ぶ。

【梵網戒を受戒できる条件】
仏子《ぶっし》〔である汝〕よ、しかと聴け、仏戒を受けるなら国王でも王子でも、官僚でも宰相でも、比丘でも比丘尼でも、十八天の清らかな神々でも、欲界六天の神々でも、庶民でも去勢者でも、色を売る〔在家の〕男や女[1]でも、男奴隷や女奴隷でも、仏法を護る天龍八種衆でも、鬼神でも金剛神でも、動物でも、果ては人に身を変じた仏や菩薩でも〔身分を問わず〕、戒師の言葉をきちんと理解さえできれば、[2]誰でも戒を受けてそれを身に付けることができ、「この上なく清らかな者」と呼ばれようになる。

（1）原語「婬男婬女」は本経の特徴。他の仏書に例がない。和訳するに当たり、日本鎌倉時代の凝然《ぎょうねん》（一二四〇～一三二一）の『梵網戒本疏日珠鈔』巻八を参照した（六二・五四上～中）。

（2）受戒の条件は、戒を授ける師僧が受戒儀礼で言う言葉を理解できることであり、身分や生まれは無関係であるということを述べている。

【十重戒の序】

仏告諸仏子言、有十重波羅提木叉。若受菩薩戒、不誦此戒者、非菩薩、非仏種子。我亦如是誦、一切菩薩已学、一切菩薩当学、一切菩薩今学。我已略説波羅提木叉相貌、応当学、敬心奉持。

仏は仏子たちに告げた。十項目の重罪の戒条というものがある。もし菩薩戒を受けたのに、この戒を誦えなければ、菩薩でないし、仏となれる可能性もない。我もこうして誦え、一切の菩薩が過去に学び、一切の菩薩が未来に学び、一切の菩薩が今こうして学んでいる戒である。我は戒条の特徴を既に大凡説いたので、汝らはこれを学び、恭しく守るべし。

【Ⅰ】

仏告仏子、若自殺、教人殺、方便讃歎殺、見作随喜、乃至呪殺、殺業殺法殺因殺縁。乃至一切有命者、不得故殺。是菩薩応起常住慈悲心孝順心、方便救護、而自恣心快意殺生、是菩薩波羅夷罪。

【重罪第一】

仏は仏子に告げた。もし仏子〔である汝〕が生きものを自ら殺し、他の者たちに殺させ、手立てを講じて殺し、殺しを褒め称え、誰かが殺するのを見て共に喜び、果ては呪文をかけて殺すまでのことをすれば、殺すという行為と、殺す方法と、殺しの直接的原因と、殺しの間接的原因とが(1)〔成り立つ〕。一切の命あるものを、故意に殺してはならぬ。菩薩は常に慈悲の心と素直で従順な心を保ち、手立てを講じて〔生きもの〕を救うべし。それなのに逆に、身勝手な思いから生きものを殺して喜ぶならば、菩薩の重罪(2)である。

(1)「殺すという行為・殺す方法・殺しの直接的原因・殺しの間接的原因(殺業、殺法、殺因、殺縁)」については船山(二〇一七/二〇二三・二〇~二一頁)参照。

(2)「重罪」の原文「波羅夷《はらい》」はサンスクリット語「パーラージカ pārājika」の漢字音写。相手を勝たせる(=自らを負けさせる)罪の意。十項目中一つでも故意に何度も犯せば、菩薩でなくなる。

【Ⅱ】

若仏子、自盜、教人盜、方便盜、盜業盜法盜因盜緣。呪盜乃至鬼神有主物劫賊物、一切財物、一針一草、不得故盜。而菩薩常生仏性孝順慈悲心、常助一切人、生福生楽、而反更盜人物、是菩薩波羅夷罪。

【Ⅲ】

若仏子、自婬、教人婬、——乃至一切女人、不得故婬——、婬因婬業婬法婬縁。乃至畜生女、諸天鬼神女、及非道行婬。而菩

【重罪第二】

もし仏子〔である汝〕が自らの手で盗み、他人に盗むよう唆《そそのか》し、手立てを講じて盗むなら、盗むという行為と、盗む方法と、盗みの直接的原因と、盗みの間接的原因とが〔成り立つ〕。呪文をかけて盗んだり、果ては悪鬼や神々の所有物、所有者のある物品、劫賊の所有物に至るまで、一切の財物は、一本の針や草すらも故意に盗んではならぬ。しかるに菩薩は常に仏性に素直に従う心と慈悲の心を起こし、常に一切の人々を助け、福徳を生み出し安楽を起こしてやるべきなのに、ところが逆に人の物を盗むなら、菩薩の重罪である。

【重罪第三】

もし仏子〔である汝〕が自らの手で姦婬し、他人に姦婬するよう唆すなら、——すべての女性に至るまでわざと姦婬するなどならぬのに——、〔もしそうするなら〕、姦婬の直接的原因と、姦婬するという行為と、姦婬する方法と、姦婬の間接的原因と

薩応生孝順心、救度一切衆生、浄法与人、而反更起一切人婬、不択畜生、乃至母女姉妹、六親行婬、無慈悲心、是菩薩波羅夷罪。

【Ⅳ】

若仏子、自妄語、教人妄語、方便妄語、妄語因妄語業妄語法妄語縁。乃至不見言見、見言不

が〔成り立つ〕。果ては畜生の動物や神々や鬼神の女、性器以外〔「非道」〕で姦婬するに至るまで同じである。しかるに菩薩は素直で孝順な心を起こし、一切の生きものを助け出し、清らかな教えを人に施すべきなのに、ところが逆に、一切の人に姦婬〔の情〕を起こし、人も動物も択ばず、果ては母親や娘、姉や妹、六親《りくしん》(1)までをも姦婬し、慈悲心の欠片もないなら、菩薩の重罪である。

(1)「六親」には幾つかの意味がある。〔唐〕明曠『天台菩薩戒疏』巻上によれば、六親は六種の親族。すなわち当人が男なら父の両親、母の両親、自らの両親・兄弟・妻・子女、妻の姉妹、妻、兄弟の父母。要するに一家・一族のこと。

【重罪第四】

もし仏子〔である汝〕が自ら嘘をつき、他人に嘘をつくよう唆し、手立てを講じて嘘をつくなら、嘘をつく直接的原因と、嘘をつくという行為と、嘘をつく方法と、嘘をつく間接的原因

見、身心妄語。(1) 而菩薩常生正語、亦生衆生正語正見、而反更起一切衆生邪語邪見業、是菩薩波羅夷罪。

(1) 鳩摩羅什訳『十誦律《じゅうじゅりつ》』巻二「若比丘不知不見空無過人法、自言我得如是知、如是見、是比丘後時、若問若不問、貪著利養故、不知言知、不見言見、空誑妄語、是比丘波羅夷、不共住」(二三・一二中)。

【V】

若仏子、自酤酒、教人酤酒、酤酒因酤酒業酤酒法酤酒縁。一切酒不得酤、(1) 是酒起罪因縁。而菩薩応生一切衆生明達之慧、而

とが〔成り立つ〕。果ては見ていないのに見たと言い、見たのに見ていないと言い、心と体で嘘をつくに至るまで同じである。しかるに菩薩は常に正しく話し、正しい見方をして、生きものに正しい話し方と正しい見方をさせるべきであるのに、ところが逆に一切の生きものに誤った話し方や誤った見方、誤った行いをさせるならば、菩薩の重罪である。

【重罪第五】

もし仏子〔である汝〕が自ら酒を売り、(1) 他人に酒を売るよう唆《そそのか》すなら、酒を売る直接的原因と、酒を売るという行為と、酒を売る方法と、酒を売る間接的原因とが〔成り立つ〕。一切の酒は、売ってはならぬ。およそ酒というものは、罪を生む直

反更生衆生顚倒心、是菩薩波羅夷罪。

（1）曇無讖訳『優婆塞戒経《うばそくかいきょう》』巻三「優婆塞戒、雖為身命、不得酤酒。若破是戒、是人即失優婆塞戒。……。是名六重」（二四・一〇四九中）。

【Ⅵ】

若仏子、口自説出家、在家菩薩、比丘、比丘尼罪過、(1)教人説罪過、罪過因罪過業罪過法罪過縁。而菩薩聞外道悪人及二乗悪人説仏法中非法非律、常生悲心、教化是悪人輩、令生大乗善信。而菩薩反更自説仏法中罪過、是菩薩

接間接の原因である。しかるに菩薩は、一切の生きものに物事を達観する智慧を生み出させるべきなのに、ところが逆に、生きものに事実と逆の考えを起こさせるなら、菩薩の重罪である。

（1）「売る」の原語「酤《こ》」は「売買する・売り買いする」を意味するが、ここでは売る（販売）を限定的に意味する。漢訳経典中では在家専用の菩薩戒を説く『優婆塞戒経』のみに典拠を持つ。【軽罪第二】飲酒の禁止は本条と異なる。

【重罪第六】

もし仏子〔である汝〕が自らの口で出家菩薩や在家菩薩や、比丘や比丘尼の過ちを暴き、他人に過ちを暴くよう唆すならば、過ち〔を暴く〕直接的原因と、過ち〔を暴く〕という行為と、過ち〔を暴く〕方法と、過ち〔を暴く〕間接的原因とが〔成り立つ〕。しかるに菩薩は異教徒の悪人や〔仏教内の〕二《に》乗《じょう》(1)の悪人が「仏法の中には正しくない教えや規律に反することがる」と言うのを聞いたら、常に思い遣りの心を起こし、そ

波羅夷罪。

(1)曇無讖訳『優婆塞戒経』巻三「優婆塞戒、雖為身命、不得宣説比丘、比丘尼、優婆塞、優婆夷所有過罪。若破是戒、是人即失優婆塞戒。……。是名五重」(二四・一〇四九中)。

【Ⅶ】

若仏子、口自讃毀他、亦教人自讃毀他、(1)毀他因毀他業毀他法毀他縁。而菩薩代一切衆生、受加毀辱、悪事自向己、好事与他人。若自揚己徳、隠他人好事、他人受毀者、是菩薩波羅夷罪。

の悪人らを教化し、大乗への立派な信仰を起こさせるべきなのに、ところが逆に仏法には誤りがあると自らの口で言うならば、菩薩の重罪である。

(1)「二乗」(二種の乗り物)は「大乗」(大きな乗り物)と対をなす。すなわち声聞乗《しょうもんじょう》(仏説を直接に聴く人々)と独覚乗《どっかくじょう》(一人悟って他人を救済せず一人悟りすます仏。縁覚乗《えんがくじょう》とも)。

【重罪第七】

もし仏子〔である汝〕が自らの口で自画自賛して他を貶し、他人にも自画自賛して他を貶すよう唆すならば、他を貶す直接的原因と、他を貶すという行為と、他を貶す方法と、他を貶す間接的原因とが〔成り立つ〕。しかるに菩薩は一切の生きものに代わって非難を身に受け、悪い事は自分に向かわせ、好い事は他人に向わせる。もしも自分で自分の美徳を持ち上げ他人の素晴らしさを隠し、他人に謗りを受けさせるならば、菩薩の重

（1）曇無讖訳『菩薩地持経』巻五「菩薩為貪利故、自歎己徳、毀呰他人、是名第一波羅夷処法」（三〇・九一三中）。求那跋摩訳『菩薩善戒経』優波離問菩薩受戒法「菩薩若為貪利養故、自讃其身、得菩薩戒、住菩薩地、是名菩薩第五重法」（三〇・一〇一五上）。

【Ⅷ】

若仏子、自慳、教人慳、慳因慳業慳法慳縁。而菩薩見一切貧窮人来乞者、随前人所須、一切給与。而菩薩悪心瞋心、乃至不施一銭、一針一草、有求法者、不為説一句一偈、一微塵許法、

罪である。

【重罪第八】

もし仏子〔である汝〕が自ら物を惜しみ、他の人に物を惜しむよう唆すならば、物惜しみの直接的原因と、物惜しみするという行為と、物惜しみする方法と、物惜しみの間接的原因とが〔成り立つ〕。しかるに菩薩なら人は一切の貧困者たちが物乞いに来るのを見たら、目の前のその人に、何が必要かに応じて、一切を与えるものである。しかるに菩薩が悪い心や怒りの

而反更罵辱、是菩薩波羅夷罪。(1)

(1) 求那跋摩訳『菩薩善戒経』優波離問菩薩受戒法「若有貧窮受苦悩者、及以病人来従乞索、菩薩貪惜、不施乃至一銭之物、有求法者、悋惜不施乃至一偈、是名菩薩第六重法」(三〇・一〇一五上)。曇無讖訳『菩薩地持経』巻五「菩薩自有財物、性慳惜故、貧苦衆生無所依怙来求索者、不起悲心給施所求、有欲聞法、悋惜不説、是名第二波羅夷処法」(三〇・九一三中)。

【IX】

若仏子、自瞋、教人瞋、瞋因瞋業瞋法瞋縁。而菩薩応生一切

心でほんの僅かばかりも一銭・一針・一草に至るまで何も与えず、教えを求める人がいるのに一句・一偈すらも、ほんの僅かの教えの片言すらも教えず、ところが逆に相手を罵り辱めるならば、菩薩の重罪である。

【重罪第九】

もし仏子〔である汝〕が自ら怒り、他人に怒るよう唆すならば、怒りの直接的原因と、怒るという行為と、怒る方法と、怒

衆生中善根無諍之事、常生悲心、而反更於一切衆生中、乃至於非衆生中、以悪口罵辱、加以手打、及以刀杖、意猶不息、前人求悔、善言懺謝、猶瞋不解、是菩薩波羅夷罪。(1)

りの間接的原因とが〔成り立つ〕。しかるに菩薩は一切の生きものに善を行う力や争いのない状態を起こさせ、常に思い遣りの心を起こさせるべきなのに、ところが逆に一切の生きものやそれ以外の者たちに罵りや辱めの言葉を浴びせかけ、自らの手や刀や棍棒で殴っても気持ちがまだ収まらず、目の前の人が反省を申し出て立派な言葉で罪を告白し謝罪しても、まだ怒りが解けないならば、菩薩の重罪である。

(1) 曇無讖訳『菩薩地持経』巻五「菩薩瞋恚、出麤悪言、意猶不息、復以手打、或加杖石、残害恐怖、瞋恨増上、犯者求悔、不受其懺、結恨不捨、是名第三波羅夷処法」(三〇・九一三中)。求那跋摩訳『菩薩善戒経』優波離問菩薩受戒法「菩薩若瞋、不応加悪、若以手打、或杖或石、悪声罵辱、或時無力不能打罵、心懐瞋忿。

若為他人之所打罵、前人求悔、不受其懺、故懐瞋恨増長、不息心不浄者、是名菩薩第七重法」（三〇・一〇一五上）。

【X】

若仏子、自謗三宝、教人謗三宝、謗因謗業謗法謗縁。而菩薩見外道及以悪人一言謗仏音声、如三百鉾刺心、況口自謗、不生信心孝順心、而反更助悪人、邪見人謗、是菩薩波羅夷罪。(1)

（1）［参考］曇無讖訳『菩薩地持経』巻五「菩薩謗菩薩蔵、説相似法、熾然建立於相似法、若心自解、或従他受、是名第四波羅夷処法」（三〇・九一

【重罪第十】

もし仏子〔である汝〕が自ら三宝を誹り、他の人に三宝を誹するよう唆すならば、〔三宝を〕誹る直接的原因と、〔三宝を〕誹るという行為と、〔三宝を〕誹る方法と、〔三宝を〕誹る間接的原因とが〔成り立つ〕。しかるに菩薩は異教徒や悪人がほんの僅か一言でも仏を誹謗するのを見たら、まるで三百の鉾《ほこ》で心臓を突き刺されたかのように〔辛く感じる〕。まして自らの口で〔三宝を〕誹り、信ずる心や素直で孝順な心を起こさないなら尚更なのに、ところが逆に悪人や邪見の人に加担して〔三宝を〕誹るならば、菩薩の重罪である。

三中）。

善学諸人者、是菩薩十波羅提木叉応当学。於中不応一一犯如微塵許、何況具足犯十戒。若有犯者、不得現身発菩提心、亦失国王位転輪王位、亦失比丘比丘尼位、失十発趣十長養十金剛十地仏性常住妙果、一切皆堕三悪道中、二劫三劫不聞父母、三宝名字。以是不応一一犯。汝等一切諸菩薩今学当学已学、是十戒応当学、敬心奉持。「八万威儀品」当広明。

【十重戒結び】

立派に学ぶ修行者たちよ、〔汝らは〕これら菩薩の十の戒条を学ぶべし。このどれか一つの戒をほんの僅かでも犯してはならぬ。まして十戒すべてを犯すなら尚更である。違犯者は、現在のこの身のまま悟り(1)〔菩提〕に向かう心を起こした菩薩となることはできず、国王の地位も転輪王の地位も失い、比丘や比丘尼の身分も失う。十発趣《ほっしゅ》〔の行〕も十長養《ちょうよう》〔の行〕も、十金剛〔の行〕も十地〔の行〕も、恒常な仏性という優れた修行成果も失い、一切の〔違反者たちは、地獄・餓鬼・畜生の〕三悪道に墜ち、二カルパ、三カルパにも及ぶ長い間、父母の名も〔仏・法・僧の〕三宝の名も聞けない。それ故、〔十罪の〕いずれも犯してはならぬ。汝ら一切の菩薩が今学びつつあり、将来も学び、過去に学んできた戒である。これら十戒を学び、恭しく保つべし。これについては後で〔本経の〕「八万威儀品」(2)という章で〔更に〕詳しく解き明かそう(3)。

（1）輪廻転生後でなく、この世の現在の身のままで。
（2）「八万威儀品」は「八万種の正しい振る舞い〔を説く〕章」。本経の遂に漢訳されなかった「大本（全本）」の一章。詳細不明。
（3）原文助動詞「当」はここでは未来形を表す。

仏告諸菩薩言、已説十波羅提木叉竟。四十八軽今当説。

【1】

若仏子、欲受国王位時、受転輪王位時、百官受位時、応先受菩薩戒。一切鬼神救護王身、百官之身、諸仏歓喜。既得戒已、生孝順心恭敬心、見上座和上阿

【軽罪序】

仏は菩薩たちに告げた。戒条十項について説き終わった。さて今や、四十八軽戒を説くことにしよう。

【軽罪第一】

もし仏子〔である汝〕が国王の位を得たい、転輪王の位を得たい、諸官僚の位を得たいと欲する時は、まず先に菩薩戒を受けるべし。〔そうすれば仏説を守護する〕一切の鬼神たちが王の身や諸官僚の身を守護し、諸仏は歓喜するであろう。受戒し終えた以上は、素直で従順な心と恭しい尊敬の心を起こせ。

闍梨大同学、不起礼拝、一一不如法、——供養以自売身、国城男女、七宝百物、而供給之——、若不爾者、犯軽垢罪。

(1) 求那跋摩「菩薩若見上座、宿徳、同学同師、生憍慢心及以悪心、不起承迎礼拝設座、不共語言、先意問訊、若問所疑、不為解説、是名犯重不名八重、是名菩薩汚心疑心、有創堕落」（三〇・一〇一五中）。曇無讖訳『菩薩地持経』巻五「若菩薩見上坐、有徳、応敬同法者、憍慢瞋恨、不起恭敬、不譲其坐、問訊請法、悉不酬答、是名為犯衆多犯。是犯、染汚起」（三〇・九一三下）。曇無讖訳『優婆塞戒経』

上座の僧や和上（自らの直接の師僧）、阿闍梨《あじゃり》（和上以外の師僧）、偉大な同学たちに見《まみ》える時に、立ち上がって歓待して礼せず、逐一決まり通りに振る舞わず、〔更には〕相手に敬意を示して自らの身肉や国や街、男女の人々を売り、七宝の品や様々な品物で〔相手に敬意を示して〕それらを与える〔べきなのに〕そうしないならば、軽垢罪《きょうくざい》(1)に当たる。

(1) 重罪より軽いが犯してはならぬ罪。誰か然るべき人の前で罪を懺悔する（【軽罪第四十一】を見よ）。

巻三「若優婆塞受持戒已、若見比丘比丘尼長老先宿諸優婆塞優婆夷等、不起承迎礼拝問訊、是優婆塞得失意罪」（二四・一〇四九下）。

【2】

若仏子、故飲酒、而生酒過失無量。若自身手過酒器、与人飲酒者、五百世無手、何況自飲。不得教一切人飲、及一切衆生飲酒、況自飲酒。若故自飲、教人飲、犯軽垢罪。

【軽罪第二】

仏子〔である汝〕が故意に酒を飲み、そして酒の過失を生むと、〔その害は〕計り知れない。(1) もし自ら手で酒器を人に手渡して酒を飲ませるなら、五百回生まれ変わる間、ずっと手をもたぬ者(2)に生まれる。ましてや自分で飲むなら尚更である。どんな人にも、どんな生きものにも、酒を飲ませてはならぬ。ましてや自ら飲酒するなら尚更である。もし故意《わざ》と自ら飲酒し、人に飲ませるならば、軽垢罪に当たる。

(1) 原文「若仏子、故飲酒、而生酒過失無量」は文法的に読みにくい。従来の解釈は複数ある。それらを訓読で示すと、㈠「若シ仏子、故《ことさら》ニ酒ヲ飲マンヤ、而《しか》モ酒ハ過失ヲ生ズルコト無量ナリ」と、

【3】

若仏子、故食肉、――一切肉不得食――、断大慈悲性種子、一切衆生見而捨去。(1) 是故一切菩薩不得食一切衆生肉。食肉得無量罪。若故食、犯軽垢罪。

（1）曇無讖訳『大般涅槃経』巻四「善男子、夫食肉者、断大慈種。……。迦葉、我従今

㈡「若シ仏子、故《ことさら》ニ酒ヲ飲マバ、酒ノ過失ヲ生ズルコト無量ナリ」と、㈢「若シ仏子、故《ことさら》ニ酒ヲ飲ムベカラズ。酒ノ過失ヲ生ズルコト無量ナリ」という三説あるが、それぞれ傍点部の理解に難がある。今は「若シ仏子、故《ことさら》ニ酒ヲ飲ミ、而シテ酒ノ過失ヲ生ズレバ、〔過失ハ〕無量ナリ」と解した（船山二〇一七／二〇二三・二九三〜二九四頁注①）。

（2）人間・蛇・芋虫の類い。

【軽罪第三】

もし仏子〔である汝〕が故意に肉を食するならば――どんな肉でも食してはならぬぞ――、大いなる慈悲の素質〔を備える〕種子を破壊し、すべての生きものが〔食肉者を〕見て〔自分も食われるのではないかと恐れて〕逃げ去る。それ故にいかなる菩薩も、いかなる生きものの肉をも食してはならぬ。肉を食すれば罪は計り知れない。もし故意に食すならば、軽垢罪に当たる。

日制諸弟子、不得復食一切肉也。迦葉、其食肉者、若行若住若坐若臥、一切衆生聞其肉気、悉生恐怖。譬如有人近師子已、衆人見之、聞師子臭、亦生恐怖。善男子、如人噉蒜、臭穢可悪、余人見之、聞臭捨去。設遠見者、猶不欲視、況当近之。諸食肉者、亦復如是。一切衆生聞其肉気、悉皆恐怖、生畏死想。水陸空行有命之類、悉捨之走、咸言「此人是我等怨」。是故菩薩不習食肉」（一二・三八六上～中）。

【4】

若仏子、不得食五辛。(1)大蒜革葱慈葱蘭葱興渠、是五種、一切

【軽罪第四】

仏子〔である汝〕は五辛（五種の葷菜《くんさい》）を食してはならぬ。大蒜《だいさん》（にんにく）・革葱《かくそう》(1)（おおにら・らっきょう）・慈葱《じそう》（ねぎ）・

食中不得食。故食者、犯軽垢罪。

（1）曇無讖訳『大般涅槃経』巻一一「不食肉、不飲酒。五辛能熏、悉不食之。是故其身無有臭処、常為諸天一切世人恭敬供養、尊重讃歎」（一二・四三二下〜四三三上）。求那跋摩訳『菩薩善戒経』巻七「菩薩摩訶薩、為破衆生種種悪故、受持神呪、読誦通利、利益衆生。為呪術故、受持五法。一者不食肉。二者不飲酒。三者不食五辛。四者不婬。五者不浄之家、不在中食。菩薩具足如是五法、能大利益無量衆生」（三〇・九九六中〜下）。

蘭葱《らんそう》（のびる）・興渠《こうこ》（ヒング）のこれら五種は〔そのまま単食すべきでないのは言うまでもなく〕、いかなる食物に混ぜて食して(2)もならぬ。故意に食せば、軽垢罪に当たる。

（1）「革葱」を「薤《かい》（おおにら）」とする智顗『菩薩戒義疏』の説に従い、らっきょうと解す。

（2）「混ぜて食す」は、智顗『菩薩戒義疏』の注解に従う（四〇・五七五上）。

【5】

若仏子、一切衆生犯八戒五戒、十戒毀禁、七逆八難、一切犯戒罪、応教懺悔。而菩薩不教懺悔、同住同僧利養、而共布薩、一衆住説戒、而不挙其罪、教悔過者、犯軽垢罪。

【6】

若仏子、見大乗法師、大乗同見同行来入僧坊舎宅城邑、若百里千里来者、即迎来送去、礼拝供養、日日三時供養、日食三両

【軽罪第五】

仏子〔である汝〕は、すべての生きものが八戒（在家の八斎戒）であれ五戒（五戒や五逆罪）であれ、十戒（十善戒）であれ禁戒（具足戒）であれ、七逆の大罪であれ八難所に堕ちる悪業であれ、いかなる戒罪も犯したら、その〔違反〕者に懺悔せよと教えるべし。しかるに菩薩が懺悔することを教えず、その者と共住し、僧団の利益を共有し、一緒に布薩を行い、同一集団に住まって説戒（戒律事項の定期的確認）をしながら、その者の戒罪を摘発して過失を悔い改めさせることをしないならば、軽垢罪に当たる。

【軽罪第六】

もし仏子〔である汝〕が大乗法師を見たり、同じ考えで共に修行する大乗の者が僧坊や建物、街や村を訪れ、百里・千里の彼方より来訪したのを見たら、すぐに来訪を歓迎し、出離を送り出し、〔その客人に〕礼拝し、敬意を表し、毎日決まった時

金、百味飲食牀座供事法師、一切所須、尽給与之、常請法師三時説法、日日三時礼拝、不生瞋心、患悩之心、為法滅身請法。若不爾者、犯軽垢罪。

【7】

若仏子、一切処有講法毘尼経律、大宅舎中講法処、是新学菩薩持経律巻、至法師所、聴受諮問、若山林樹下、僧地房中、一切説法処、悉至聴受。若不至彼聴受者、(1)犯軽垢罪。

(1) 曇無讖訳『菩薩地持経』巻五「若菩薩聞説法処、若

に三度、供養の品を与え、日々三両に当たる食事やさまざまな種類の飲食物・臥具・座具を与えてその法師に仕え、必要な品々をすべて供給して、常にその法師に日に三度の説法を依頼し、毎日決まった時に三度礼拝して、怒りの心や苦悩の心を起こさず、仏法のためなら身を賭してでも法を求めよ。もしそのようにしないならば、軽垢罪に当たる。

【軽罪第七】

もし仏子〔である汝〕がどんな場所であれ、仏法や〔煩悩を〕抑制する経や律(1)を講義したり、大きな邸宅で法を講義する場があれば、新学菩薩(2)は経や律の巻子《かんす》を持参して法師のところに赴き、聴聞して〔教えを〕問い訊ねよ。山林の木の下であれ、教団所有地内の僧房であれ、どんな説法の場所でも、訪れ聴聞し、教えを受けよ。もし訪れて聴聞し教えを受けることをしないならば、軽垢罪に当たる。

決定論処、以憍慢心、瞋恨心、不往聴者、是名為犯衆多犯。是犯、染汚起」（三〇・九一六上）。求那跋摩訳『菩薩善戒経』「若菩薩聞説法処、乃至一由旬不往聴者、得罪。若軽説者不往、得罪。是罪因煩悩犯。若懈怠不往者、得失意罪」（三〇・一〇一七上）。曇無讖訳『優婆塞戒経』巻三「若優婆塞受持戒已、四十里中有講法処不能往聴、是優婆塞得失意罪」（二四・一〇四九下）。

【8】

若仏子、心背大乗常住経律、言非仏説、而受持二乗声聞外道悪見、一切禁戒、邪見経律者(1)、

（1）智顗『菩薩戒義疏』に従い、「仏法や〔煩悩を〕抑制する経や律」と解す。「法を説く経や〔戒律違反を〕抑制する律」と解することも可能。

（2）菩薩になったばかりの者。新米の菩薩。

【軽罪第八】

もし仏子〔である汝〕が、心は大乗の常住〔なる境地を説く〕経や律に背き、言葉は仏説を無みし、二乗の声聞(1)や他教徒の悪しき見解や一切の禁止項目や誤った見解〔を説く、大乗以

犯軽垢罪。

（1）曇無讖訳『菩薩地持経』巻五「若菩薩、於菩薩蔵不作方便、棄捨不学、一向修集声聞経法、是名為犯衆多犯」（三〇・九一五中）。求那跋摩訳『菩薩善戒経』優波離問菩薩受戒法「若菩薩不読不誦菩薩法蔵、一向読誦声聞経律、得罪」（三〇・一〇一六下）。

【9】

若仏子、一切疾病人供養如仏無異。八福田中、看病福田、第一福田。若父母師僧弟子病、諸根不具、百種病苦悩、皆養令差。而菩薩以瞋恨心(1)不至僧房中、城

外の〕経や律を〔正しいと〕受け入れるならば、軽垢罪に当たる。

（1）「二乗の声聞」は意味的に不適切。二乗は声聞乗と独覚乗だから、二乗ならば声聞だけでなく独覚も含む。逆に声聞だけを意味するなら二乗に触れる必要がない。「二乗の中の声聞」と解したとしても「二乗」に触れる必要はない。

【軽罪第九】

仏子〔である汝〕は、一切の病人を、あたかも仏に接するが如く、仏と何ら異ならぬものとして敬え。八種の福田《ふくでん》のうちで看病福田は第一の福田である。(1) もし父母や師僧、弟子が病になったり、感覚器官に障害が生じて、さまざまな病に苦しむようなことがあれば、そのような人を皆、看護し治癒させよ。し

邑曠野山林道路中、見病不救濟者、犯軽垢罪。

(1) 曇無讖訳『菩薩地持経』巻五「若菩薩見羸病人、以瞋恨心、不往瞻視、是名為犯衆多犯。是犯、染汚起」(三〇・九一六上)。

【10】

若仏子、不得畜一切刀杖、闘戦弓箭、鉾斧之具、悪網羅、殺生之器、一切不得畜。而菩薩乃至殺父母尚不加報、況殺一切衆生。若故畜刀杖、犯軽垢罪。

かるに菩薩が怒りや怨みの心から〔病に苦しむ人の〕僧房や街や村、荒れ野、山林、路上を訪れることなく、病人を目にしても助けなかったら、軽垢罪に当たる。

(1)「福田」とは好ましい結果を生む原因のこと。看病福田以外の七つの福田が何か、本経には説明がない。【軽罪第二十七】注(1)も参照。

【軽罪第十】

仏子〔である汝〕は、いかなる刀剣や棍棒も、戦いの弓矢も、鉾や斧などの兵器も、〔鳥や魚をからめとる〕悪しき網も、殺しの器物も保持してはならぬ。しかるに菩薩はたとい父母を殺されたとて報復しない。まして〔父母や肉親以外の〕一切の生きものが殺されるのなら尚更である。もし故意に刀剣や棍棒を蓄えるならば、軽垢罪に当たる。

如是十戒応当学、敬心奉持。

下「六六品」中広開。


【11】

仏言、仏子、為利養、悪心故、通国使命、軍陣合会、興師相殺無量衆生。而菩薩不得入軍中往来、況故作国賊、若故作者、犯軽垢罪。


【12】

若仏子、故販売良人、奴婢、六畜、市易官材板木盛死之具、尚不故作、況教人作、犯軽垢罪。


これら十戒を修学し、敬意をもって受け入れるべし。〔その内容は〕「六六品」(1)に詳しく示す。

(1)「六六品」は本経大本の一章。詳細不明。

【軽罪第十一】

仏は言った。仏子〔である汝〕が利欲を貪り悪心があるために、二国間の命運を握る使者として行き来し、両軍が衝突すれば、争いを起こし、無数の命あるものを殺す。しかるに菩薩は、軍隊と接触してはならず、まして故意に国の不利益に働くならば尚更なのに、もし故意にするならば、軽垢罪に当たる。


【軽罪第十二】

もし仏子〔である汝〕が故意に善民や男奴隷や女奴隷、六種の家畜（牛・馬・羊・豕・鶏・犬）を売り捌《さば》き、棺桶の材料や、その他の木材、死者を載せて運ぶ器具を市場で取引することすら故意にしてはならぬのに、ましてやそれを人にさせるなら尚

【13】

若仏子、以悪心、無事謗他良人善人、法師師僧、国王貴人、言犯七逆十重、父母兄弟六親中、応生孝順心慈心、而反更加於逆害、堕不如意処、犯軽垢罪。

【14】

若仏子、以悪心故、放大火、焼山林焼野、四月乃至九月放火、若焼他人家屋宅城邑僧房田木及

更であり、軽垢罪に当たる。

【軽罪第十三】

もし仏子〔である汝〕が悪心から無実の良民・善民・法師・師僧・国王・高位の人を誹り、彼らが七逆罪(1)や十重罪(2)を犯したと言う〔ならば〕、〔また〕父母・兄弟・六親に従順な心と慈しみの心を起こすべきなのに、ところが逆に、彼らに反撃するならば、〔死後、輪廻して〕不本意の生まれに堕ち、軽垢罪に当たる。

(1) 七逆罪が何かは【軽罪第四十】に説かれる。
(2) 十波羅夷《はらい》と同じ。

【軽罪第十四】

もし仏子〔である汝〕が悪心のために大火を放ち、山林を焼き、野原を焼き、四月から九月の間に火を放って他人の家屋や、街や村、僧房、田畑や樹木、そして鬼神や役所に所属する物品を

鬼神官物——一切有主物、不得故焼——、犯軽垢罪。

【15】

若仏子、自仏弟子及外道、六親、一切善知識、応一一教受持大乗経律中教解義理、使発菩提心、発十心、起金剛心、（1）一一解其次第法用。而菩薩以悪心、瞋心、横教二乗声聞戒経律、外道邪見論等、犯軽垢罪。

焼くならば——いかなるものでも所有者のある物（有主物（1））を故意に焼いてはならぬぞ——、軽垢罪に当たる。

（1）「所有者がいるもの（有主物）」について、智顗『菩薩戒義疏』は「生きているもの（有生物）」に改めよと説く（「所有者のあるもの」なら、時期を四月から九月に限るのは理に適わないから）。一方、新羅の義寂『菩薩戒本疏』は智顗説を否定し、「有主物」を正しいとする。

【軽罪第十五】

仏子〔である汝〕は、自らの弟子や異教徒・六親・すべての善知識（素晴らしい仲間）に、大乗の経や律に教え説かれる意味を逐一受け入れさせ、菩提心を発《おこ》させ、十心を発させ、金剛心を起させ、一つ一つ、その〔教えを成就する修行の〕順序と効用を理解させるべし。しかるに菩薩が悪心や怒りの気持ちから二乗の声聞（1）の戒〔を説く〕経や律、異教徒の誤った見解〔を記す〕論書を恣意的に解釈して教えるならば、軽垢罪に当たる。

(1) 智顗説・灌頂記『菩薩戒義疏』巻下「第十五僻教戒。使人失正道故制。七衆同犯。大小乗不共、以所習異故。序事三階。一、挙所応教人。「自仏弟子」謂内衆。「外道」謂外衆。「六親」、「善知識」通内外。二、明応。応教「大乗経律」、令「発菩提心」。「十心」者、十発趣心。「起金剛心」謂十金剛、略不説十長養。此三十是始行者急須応為開示故。三、明不応。……」(四〇・五七六上～中)。これは『梵網経』最古形の原文に基づく注目すべき注釈である。詳細は船山（二〇一四・一〇～一三頁）を見よ。

---

(1) 「二乗の声聞」という語の問題については【軽罪第八】現代語訳注(1)を見よ。

【16】

若仏子、応好心先学大乗威儀経律、広開解義味、見後新学菩薩有百里、千里来求大乗経律、応如法為説一切苦行、若焼身、焼臂焼指、――若不焼身、指供養諸仏、非出家菩薩――、乃至餓虎狼口師子口中、一切餓鬼、悉応捨身肉手足、而供養之、後一一次第、為説正法、使心開意解。而菩薩為利養故、応答不答、倒説経律、文字無前無後、謗三宝説、犯軽垢罪。

【軽罪第十六】

仏子〔である汝〕は、優れた心で、大乗の行い〔を説く〕経や律をまず先に教え、その趣旨を広く説明すべし。その後、新学菩薩(1)が百里・千里の彼方から来訪し、大乗の経や律を求めるのを見たら、その菩薩に、決められた通りに正しく、すべての苦行を説明すべし。〔苦行とは〕わが身を焼く、腕を焼く、指を焼くなど〔して諸仏に敬意を表わすこと〕であり、――もしわが身や指を焼いて諸仏に敬意を表わさなければ、出家菩薩ではない〔と諸経に説かれていることを教え〕――、ひいては飢餓に瀕した虎や狼の口やライオンの口の中にまで、そして一切の餓鬼にまで、わが身の肉や手や足をことごとく喜捨して敬意を表わすこと〔が諸経に説かれていることを教える〕べし。そしてその後で、一つ一つ順を追って仏の正しい教えを説明し、〔生きものの〕心や思いが開かれ自由になるようにせよ。しかるに菩薩が利欲を貪るために、答えるべき問いに答えず、経や律の意味をまったく逆に誤解して説き示し、説法の言葉も支離

【17】

若仏子、自為飲食銭物利養名誉故、親近国王王子、大臣百官、恃作形勢、乞索打拍牽挽、横取銭物、一切求利、名為悪求多求。教他人求、都無慈心、無孝順心、犯軽垢罪。

【18】

若仏子、学誦戒者、日日六時、持菩薩戒、解其義理、仏性之性。

滅裂となり、〔仏・法・僧の〕三宝を誹謗するならば、軽垢罪に当たる。

（1）菩薩になりたての者。新米の菩薩。

【軽罪第十七】

もし仏子〔である汝〕が自ら飲食・物品・利欲を貪り名誉を得るために、国王・王子・大臣・諸官僚と懇ろになり、政界の権力を笠に着て食を求め、人を殴り、引きずり回し、財産を横取りし、〔このような〕あらゆるやり方で利欲を追求するなら、悪しき欲望者・欲望過多の者と呼ばれるようになる。〔自ら求めるばかりか〕他人にも欲求させ、まったく慈しみの心なく、従順な心もないならば、軽垢罪に当たる。

【軽罪第十八】

仏子〔である汝〕が戒を学び諳誦する時、毎日六度、きまった時間（1）に菩薩戒を守って〔読誦して〕、その内容や仏性の本性を

而菩薩不解一句、一偈戒律因縁、詐言能解者、即為自欺誑、亦欺他人、一一不解一切法、而為他人作師受戒者、犯軽垢罪。

【19】

若仏子、以悪心、持戒比丘手捉香爐、行菩薩行、而闘過両頭、謗欺賢人、無悪不造、犯軽垢罪。

【20】

若仏子、以慈心故、行放生業。一切男子是我父、一切女人是我

理解せよ。しかるに菩薩が僅か一句・一偈すらも戒律のいわれを理解していないのに、私は理解していると虚言するならば、自らを欺き、他人をも欺いているのであり、すべての教えを一つ一つ理解していないにもかかわらず、師として他人に戒を授けるならば、軽垢罪に当たる。

（1）早朝・正午・夕方・初夜・中夜・後夜。

【軽罪第十九】

もし仏子〔である汝〕が悪心から、戒を守って修行する比丘が手に香炉を持ち菩薩行をしているのに、意見を戦わせ、私は賢人であると偽り、悪の限りを尽くすならば、軽垢罪に当たる。

【軽罪第二十】

仏子〔である汝〕は慈しみの心で放生《ほうじょう》（捉えられた生物の自由解放）を行え。男はすべて我が父であり、女はすべて我が母

母、我生生無不従之受生、故六道衆生皆是我父母、而殺而食者、即殺我父母、亦殺我故身。一切地水是我先身、一切火風是我本体、故常行放生、生生受生。

若見世人殺畜生時、応方便救護、解其苦難、常教化講説菩薩戒、救度衆生。

若父母兄弟死亡之日、請法師

であり、(1)我は転生する度に彼らから生を受けてきた。したがって六道の生きものはすべて我が父であり母であるのに、それを殺して食せば、それは我が父母を殺すことであり、また我が元の身を殺すことである。〔地《ち》・水《すい》・火《か》・風《ふう》の四元素のうち〕地と水はすべて過去の我が身であり、火と風はすべて我が本体である。(2)それ故、常に放生を行い、何度も転生せよ。

もし世間の人々が動物を殺そうとするのを見たなら、手段を講じて救済し、苦難から解放してやり、常に教化して菩薩戒を説き明かし、生きものを救済すべし。

(1) 輪廻転生を無限回する間にはどんな者でも必ず一度は過去や未来に我が父や母となるという意味。

(2) 言葉上の表現は地水と火風に分けているが、言わんとしているのは、地・水・火・風はすべて過去の我が身であり、我が本体であるということ。

父母兄弟の死亡日には、法師を家に招いて菩薩戒の経や律を

講菩薩戒経律、福資其亡者、得見諸仏、生人天上。若不爾者、犯軽垢罪。

如是十戒応当学、敬心奉持、如「滅罪品」中明一一戒。

講じ、その福徳を亡者の為に役立て、諸仏に見《まみ》えることができるように、人界や天上界に転生できるようにせよ。もしそうしなければ、軽垢罪に当たる。

これら十戒を修学し、敬意をもって受け入れるべし。「滅罪品」(1)中で一々の戒を解説する通りである。

(1)「滅罪品」は本経大本の一章。詳細不明。

【21】

仏言、仏子、以瞋報瞋、以打報打、(1)若殺父母兄弟六親、不得加報。若国主為他人殺者、亦不得加報。殺生報生、不順孝道、尚不畜奴婢、打拍罵辱、日日起三業、口罪無量、況故作七逆之

【軽罪第二十一】

仏は言った。仏子よ〔汝は〕怒りに怒りで報復したり、暴力に暴力で報復したり、〔更に〕もし父母兄弟やその他の六親《りくしん》を殺されても〔加害者に〕報復を加えるという、これらのことをしてはならぬ。もし国王が他の誰かに殺されても、報復を加えてはならぬ。命ある者を殺されたことに対してその命ある〔殺人〕者〔を殺すことによって〕報復しようとすることは、孝の

罪、而出家菩薩無慈報訓、乃至六親、故作者、犯軽垢罪。

（1）曇無讖訳『菩薩地持経』巻五「若菩薩、罵者報罵、瞋者報瞋、打者報打、毀者報毀、是名為犯衆多犯。是犯、染汚起」（三〇・九一五上）。求那跋摩訳『菩薩善戒経』優波離問菩薩受戒法「若菩薩、打者報打、罵者報罵、悩者報悩、得失意罪。是罪因煩悩犯」（三〇・一〇一六中）。

【22】

若仏子、始出家、未有所解、而自恃聡明有智、或高貴年宿、或恃大姓高門大解大福、饒財七

道に外れる。男奴隷や女奴隷を囲っても、彼らを殴打したり罵ったりせず、日々の〔身・口・意の〕三業の中でも、口業の罪は計り知れない。ましてや故意に七逆罪《しちぎゃくざい》(1)を犯すなら尚更である。しかるに出家菩薩が慈しみの心なく、六親〔を殺されたこと〕に対して報復するに至るまで、故意に〔仕返し〕するならば、軽垢罪である。

（1）「七逆罪」は【軽罪第四十】を見よ。

【軽罪第二十二】

もし仏子〔である汝〕が出家したばかりで仏教の知識は十分でないのに、自らの利発さや知識、高い身分、僧籍の経歴を笠に着たり、あるいは家柄の良さ・富貴な家系・立派な理解・立

宝、以此憍慢而不諮受先学法師経律。其法師者、或小姓年少卑門貧窮、諸根不具、而実有徳、一切経律尽解。而新学菩薩不得観法師種姓、而不来諮受法師第一義諦者、犯軽垢罪。

【23】

若仏子、仏滅度後、欲好心受菩薩戒時、於仏菩薩形像前自誓受戒、当七日仏前懺悔、得見好相、便得戒。

派な福徳・豊かな財力・七宝の富を笠に着たりするなら、その心によって思い上がり、先学法師の〔説く〕経や律に熱心に耳を傾け受け入れることをしなくなるであろう。その〔先学〕法師は、あるいは取るに足りない身分で、年下、低い家柄、貧乏で、感覚器官の不自由な障害者であるかも知れないが、確かに福徳を備え、一切の経や律をすべて理解する人であるということもあり得る。しかるに新学菩薩がその法師の才覚を見抜けず、その法師に最高の真実とは何かを訊ねに行かなければ、軽垢罪に当たる。

【軽罪第二十三】

もし仏子〔である汝〕が仏が涅槃に入った後に、立派な心懸けで菩薩戒を受けようと希望する時は、仏像や菩薩像の前で自ら〔仏に直接〕誓願して受戒し、*〔その後〕七日にわたり仏〔像〕の前で懺悔《さんげ》（過去の過ちを告白し悔い改める行い）をすべきであり、〔仏の〕瑞祥を目の当たりにできれば、戒を体得した

若不得好相時、以二七三七、乃至一年、要得好相。得好相已、便得仏菩薩形像前受戒。若不得好相、雖仏像前受戒、不得戒。

若現前先受菩薩戒法師前受戒時、不須要見好相。是法師、師師相授故、不須好相。是以法師前受戒、即得戒。以生重心故、便得戒。

若千里内無能授戒師、得仏菩薩形像前受得戒、而要見好相。

ことになる。

もし瑞祥を目の当たりにできなかった時は、二七日《にしちにち》（十四日）、三七日《さんしちにち》（二十一日）、あるいは丸一年に及ぶまで、〔懺悔を徹底して行い〕、必ず瑞祥を得よ。瑞祥を得たなら、仏像や菩薩像の前で戒を授かることができる。もし瑞祥を得られなければ、仏像の前で戒を受けても戒を体得したことにはならない。

〔一方〕もし〔自らが仏に直接誓願するのでなく〕目の前にいる、先に菩薩戒を受戒した法師の前で戒を受ける時は、*瑞祥を目の当たりにする必要はない。その法師は師から師へ戒を〔代々〕伝授されてきたから〔仏と繋がるのは確実であり、それ故〕瑞祥を目の当たりにする必要はない。これ故、法師の前で受戒すれば戒を体得するのである。重い決意を生ずるが故に、戒を体得するのである。

もし千里内に戒を授けることのできる法師がいないなら、仏像や菩薩像の前で〔自ら直接に誓願して〕受戒すれば*戒を体得できるが、但し〔その場合は、仏の〕瑞祥を目の当たりにする

若法師自猗解経律、大乗学戒、与国王太子百官以為善友、而新学菩薩来問若経義律義、軽心悪心慢心、不一一好答問者、言而悪心、犯軽垢罪。

【24】

若仏子、有仏経律大乗法、正見正性正法身、而不能勤学修習、

ことが肝要である。

＊菩薩戒を受ける方法に二種あることを説く。一は仏に自ら直接に誓願する方法（自誓《じせい》受戒）であり、二は既に受戒を済ませた法師の立ち会いの下、その法師に儀礼進行役を頼んで受戒する方法である。この二種は受戒の条件が異なることを説いている。

もし〔戒を授ける〕法師が、経や律の教えや大乗の学ぶべき戒に関する自らの理解を笠に着て、国王や太子、様々な官僚と懇意になり、新学菩薩がやってきて経の意味や律の意味を訊ねても、悪心や慢心から、質問者に一々うまく回答できず、〔あるいは何かを〕言ってもそこに悪心があるならば、軽垢罪に当たる。

【軽罪第二十四】

もし仏子〔である汝〕が仏の経や律の大乗の教えや真正の見解・真正の本来の姿（正性）・真正の法身を〔知る機会を〕も

而捨七宝、反学邪見、——二乗外道俗典、(1)阿毘曇雑論書記——、是断仏性、障道因縁、非行菩薩道者。故作、犯軽垢罪。

（1）曇無讖訳『菩薩地持経』巻五「若菩薩、於仏所説棄捨不学、反習外道邪論、世俗経典、是名為犯衆多犯。是犯、染汚起。若菩薩、於菩薩蔵不作方便、棄捨不学、一向修集声聞経法、是名為犯衆多犯。若菩薩、於仏所説棄捨不学、反習外道邪論、世俗経典、是名為犯衆多犯。是犯、染汚起。……。如是菩薩善於世典、外道邪論、愛樂不捨、不作毒想、是名為犯衆多犯。是犯、染汚起」（三〇・九一五中～下）。

ちながら、それらを勤学して繰り返し馴染むことができず、七宝〔のような尊い教え〕を捨てて、逆に邪悪な見解——すなわち二乗や異教徒や世俗の経典・アビダルマ・様々な主題の諸論や書物や記録——を学ぶなら、仏性を断絶し、悟りの修行をさまたげるいわれとなるのであって、菩薩道の実践者ではない。それを故意にするならば、軽垢罪に当たる。

【25】

若仏子、仏滅後、為説法主、為僧房主教化主坐禅主行来主、応生慈心、善和闘訟、善守三宝物、莫無度用、如自己有。而反乱衆闘諍、恣心用三宝物、犯軽垢罪。

【26】

若仏子、先住僧房中住、後見客菩薩比丘来入僧房、舎宅城邑、国王宅舎中、乃至夏坐安居処及大会中、先住僧応迎来送去、飲食供養、房舎臥具縄床、事事給与。若無物、応売自身及男女身

【軽罪第二十五】

もし仏子〔である汝〕が、仏が涅槃した後、説法の責任者となり、また、僧房管理の責任者・教化の責任者・坐禅修行の責任者・諸国行脚の責任者となるなら、慈しみの心を起こして〔人々の〕揉め事をうまく取りまとめ、三宝の所属品をうまく保管すべきであって、自分の物であるかのように無節操に用いてはならぬ。しかるに反対に菩薩衆を惑わせ争わせ、自分勝手に三宝の所属品を利用するならば、軽垢罪に当たる。

【軽罪第二十六】

もし仏子〔である汝〕がまず先に僧房の中で過ごし、その後、客人の菩薩比丘が僧房や建物、街や村、国王の屋敷に、果ては夏安居《げあんご》の場所や大集会にまでやって来たら、先住の僧は客比丘が来訪した時に歓迎し、出発する時に送迎し、飲食物を施して敬意を表し、僧房・僧院・臥具・縄で編んだ椅子など様々な事物を施すべし。もし〔持ち合わせの物が〕何もないなら、我

肉売、供給所須、悉与之。若有檀越来、請衆僧、客僧有利養分、僧房主応次第差客僧受請。而先住僧独受請、而不差客僧、房主得無量罪、畜生無異、非沙門、非釈種性、犯軽垢罪。

【27】

若仏子、一切不得受別請、利養入己(1)。而此利養属十方僧、而別受請、即取十方僧物入己。八福田、諸仏聖人、一一師僧、父母、病人物、自己用故、犯軽垢罪。

が身を売り男女の人々の肉を売ること〔すら行って〕必要品を調達し、彼〔の客比丘〕にすべて施すべし。

もし檀越《だんおつ》が来訪して僧たちを食事に招待した時、客僧の受けとるべき利益があれば、僧房責任者は、順に、客僧を差し向けて招待を受けさせるべし。しかるに先住の僧だけが接待を受け、客僧には差し向けないなら、僧房の責任者は莫大な罪を得て、畜生と変わらず、沙門に非ず、釈氏の家系に属する者に非ず、軽垢罪に当たる。

【軽罪第二十七】

仏子〔である汝〕は、何であれ全て、〔檀越からの〕個別の食事接待（最初から客人を限り特定する饗応）を受けて利益を自らだけに収めてはならぬ。〔檀越からの〕利益は十方すべての教団員に属すのに、それにもかかわらず、個別の食事接待を受けるならば、それは十方すべての教団の所有物を受け取って自分だけに収めることにほかならぬ。八福田である諸仏・聖人・

（1）曇無讖訳『大般涅槃経』巻一一「若行乞食及僧中食、常知止足、不受別請」（一二・四三二下）。

【28】

若仏子、有出家菩薩、在家菩薩及一切檀越、請僧福田、求願之時、応入僧房、問知事人、「今欲次第請者」、即得十方賢聖僧、而世人別請百羅漢、菩薩僧、不如僧次一凡夫僧。若別請僧者、

個別の師僧・父・母・病人が(1)〔受けるべき〕事物を自分だけが使うのだから、軽垢罪に当たる。

（1）「八福田」について本経注釈家は様々な説を上げる。言い換えれば、本経だけからでは明らかとならない。ここでは⑴諸仏、⑵聖人、⑶一一師僧（個別の師僧）、⑷父、⑸母、⑹病人の六種を八福田に含めているように読める。先に【軽罪第九】に「看病福田」という語があったが、それはここでは⑹病人に当たるであろう。直後の【軽罪第二十八】で「僧福田」に言及するのは⑶一一師僧に当たるであろう。残る二種が何かは不明。

【軽罪第二十八】

仏子〔である汝〕よ、もし出家菩薩や在家菩薩、あらゆる檀越が僧福田を招待することがあれば、〔檀越が招待を〕求願する時には、僧房に入り、知事《ちじ》(1)に、「今、順に〔すべての僧を〕食事に招待することを希望しますか」と訊ねるならば、〔質問者は、知事から〕「十方すべての賢聖僧を〔招待します。しかし賢聖僧のみであり、凡夫僧は招待しません〕」という〔回答

是外道法。(1) 七仏無別請法、不順孝道。(2) 若故別請僧者、犯軽垢罪。

（1）偽経（伝鳩摩羅什訳）『仁王般若波羅蜜経』巻下「兵奴為比丘、受別請法、知識比丘共為一心親善比丘、為作斎会求福、如外道法、都非吾法」（八・八三三中）。

（2）道世『法苑珠林』（成書六六八年）巻八一「又『居士請僧福田経』云、別請五百羅漢、不如僧次一凡夫僧。吾法中無受別請法。若有別請僧者、非吾弟子。是六師法。七仏所不可」（五三・八八四下～八八五上）。大覚『四分律鈔批』（成書七一二～七一四年頃）巻九末引「居士請僧福田経」

を〕得る〔かもしれない〕。だがもしそうだとしても、世間の人々が百人の阿羅漢と菩薩僧とを個別に食事接待するより、僧団の順序通りに一人の凡夫僧を食事接待する方が優れている。僧を個別に食事接待することは、異教徒のやり方である。七仏(2)には、個別接待の教えはない。それは孝の道に反する。もし故意に僧を個別に食事接待するならば、軽垢罪に当たる。

（1）知事は寺の事務を司る僧。

（2）釈迦牟尼に至るまでの過去世七代の諸仏。

（続蔵一・六七・四・三九二裏上～下）。円測（六一三～六九六）『仁王経疏』巻下末「是故『比丘応供法行経』云、「若我弟子有受別請者、是人定失一果、二果、三果、四果、不名比丘。是其不得国王地行、不得飲食国王水。有五百大鬼常遮其前、是比丘七劫不見仏、仏不授手、不得受檀越物。五千大鬼常随其後、言「仏法中大賊」。諸比丘応作次第請僧、七仏法如是。次第僧中、有仏化僧、四道果僧、菩薩僧、七賢僧、凡夫僧、欲使四方檀越得如是僧故、莫別受請」、具説如彼」（三三・四二六中～下）。法蔵（六四三～七一二）『梵網経菩薩戒本疏』

巻六『比丘応供法行経』云、「若我弟子有受別請者、是人定失一果、二果、三果、四果、不名比丘。是人不得国王地上行、不得飲国王水。有五百大鬼常遮其前、是比丘七劫不見仏、仏不授手、不得受檀越物。五千大鬼常随其後、後言「仏法中大賊」。諸比丘不応作次第僧中仏化僧、四道果僧、菩薩僧、七賢僧、凡夫僧、欲使四方檀越得如是僧、故莫受別請」。又『居士請僧福田経』意亦同此。故深制也」(四〇・六四七上)。望月(一九四六・四六三〜四六五頁)参照。

【29】
若仏子、以悪心故、為利養、

【軽罪第二十九】
もし仏子〔である汝〕が悪心のために、利欲を貪る〔気持

販売男女色、自手作食、自磨自春、占相男女、解夢吉凶是男是女、呪術工巧、調鷹方法、和百種毒薬、(1)千種毒薬蛇毒、生金銀蠱毒、都無慈心、犯軽垢罪。

（1）曇無讖訳『大般涅槃経』巻七「比丘不応受畜金銀、琉璃、頗梨、眞珠、車瑪、瑙珊、瑚虎珀、珂貝、璧玉、奴婢、僕使、童男、童女、牛、羊、象、馬、驢騾、鶏、猪、猫、狗等獣、銅鉄釜鍑、大小銅槃、種種雑色床敷、臥具、資生所須、所謂屋宅、耕田種殖、販売市易、自手作食、自磨自春、治身呪術、調鷹方法、仰観星宿、推歩盈虚、占相男女、解

ち〕から、男女の肉体を売色し、自ら手で食事を作り、〔食物を〕自ら粉を挽き臼で搗《つ》き、男女の相を占い、夢の吉凶を説いて〔生まれてくる胎児は〕男だ女だと〔予言し〕、呪術や工芸、鷹を飼い慣らす方法〔で利益を得ることを示し〕、百種の毒薬・千種の毒薬・蛇の毒・金鉱石の毒・銀鉱石の毒・蠱《こ》毒を調合し、慈しみの心の欠片もないならば、軽垢罪に当たる。

夢吉凶、是男是女、非男非女。六十四能復有十八、惑人呪術、種種工巧、或説世間無量俗事、散香、末香、塗香、薫香、種種花鬘、治髪方術、……、所謂沽酒、婬女、博奕、如是之人、我今不聴在比丘中、応当休道、還俗役使、……」（一二・四〇三中～下。西本一九六〇）。

【30】

若仏子、以悪心、自身謗三宝、詐現親附、口便説空、行在有中、為白衣統致男女交会、婬色縛著、於六斎日年三長斎月、作殺生劫盗、破斎犯戒者、犯軽垢罪。

【軽罪第三十】

もし仏子〔である汝〕が悪心から、自分で三宝を誹謗しながらも、自らは三宝に親しんでいると偽り、口では〔一切法は〕空なりと説きながら行いは〔空とは真逆の〕有にどっぷり浸り、在家者たちのためにとりまとめて男女交歓[1]の場を設け、色欲に執着させ、月の六斎日と年の長斎月に殺生や劫奪を働き、斎会〔の清らかさ〕をぶち壊して戒に違犯するならば、軽垢罪に当

是十戒応当学、敬心奉持、
「制戒品」中広解。

たる。

（1）原文「男女交会」を一句と理解すべし。これを誤解して原文を「通致男女、交会婬色」と過って句切る和訳はこれまでに数多い。「男女交会」を一句とする例は『長阿含経』（一・一三三下）、『最勝問菩薩十住除垢断結経』（一〇・一〇〇八下）、『十誦律』（二三・二七七下）、『五分律』（二二・四七下）等にある。船山（二〇一七／二〇二三・三〇六頁注③）参照。

この十戒を修学し、敬意をもってしっかり守るべし。そのことは「制戒品(1)」の中で詳しく解説する。

（1）「制戒品」は本経大本の一章。詳細不明。

【31】

仏言、仏子、仏滅度後悪世中、
若見外道一切悪人、劫賊売仏、
菩薩父母形像、販売経律、販売

【軽罪第三十一】

仏は言った。仏子〔である汝〕が仏の涅槃後の悪世に、異教徒やすべての悪人や劫盗《ごうとう》らが仏像・菩薩像・父母の像(1)を売り捌《さば》き、経や律を売り、比丘や比丘尼を売り、菩提心を発した菩薩

比丘比丘尼、亦売発心菩薩道人、或為官使、与一切人作奴婢者。而菩薩見是事已、応慈心方便救護、処処教化、取物贖仏菩薩形像及比丘比丘尼、一切経律。若不贖者、犯軽垢罪。

【32】

若仏子、不得畜刀杖弓箭、販売軽称小斗、因官形勢、取人財物、害心繋縛、破壊成功、長養

の修行者をも売り捌き、官僚の手下として使われ、一切の人々のために男奴隷・女奴隷とされるのを見ることもあろう。しかるに菩薩はこうしたことを見たら、後で慈しみの心で手立てを講じて〔苦しむ者たちを〕救済し保護し、至る所で教化を行い、何か物を手に入れて〔それによって〕仏像・菩薩像・比丘・比丘尼・一切の経律を贖うべし。もし贖わなければ、軽垢罪に当たる。

(1) 原文は「仏菩薩父母形像」。仏像・菩薩像・父像・母像と単純に理解する説と、父母を仏菩薩の譬喩と解する説とがある。法蔵『梵網経菩薩戒本疏』巻六「「父母の像」と言う者は、己が父母の形像、他の売る所と為る。又た釈して謂う、仏、菩薩の尊く重きこと父母の如し。二親の形像を謂うに非ず」（四〇・六四八下）。

【軽罪第三十二】

仏子〔である汝〕は、刀剣や棍棒、弓矢を保持し、軽い秤（はかり・てんびん）や小さな枡（計量器）を売り捌き、官の権力を笠に着て他人の財産を取り立て、心を傷つけ束縛して〔自由

猫、狸、猪、狗。(1) 若故養者、犯軽垢罪。

（1）曇無讖訳『大般涅槃経』巻一一「息世譏嫌戒者、不作販売軽秤、小斗、欺誑於人、因他形勢、取人財物、害心繋縛、破壊成功、然明而臥、田宅種植、家業坐肆、不畜象、馬車、乗牛、羊、駝驢、鶏犬獼猴、孔雀、鸚鵡共命及拘枳羅、豺狼虎豹猫狸猪豕及余悪獣。……」（一二・四三二下）。

【33】

若仏子、以悪心故、観一切男女等闘、軍陣兵闘、劫賊等闘、亦不得聴吹貝鼓角、琴瑟箏笛箜篌、歌叫伎楽之声、不聴摴蒲囲

を奪い」、他人の成功を損なったり、猫・狸・猪・犬を飼育したりしてはならぬ。もし故意に飼うならば、軽垢罪に当たる。

【軽罪第三十三】

もし仏子〔である汝〕が悪心のために、あらゆる男女等の格闘・軍隊や兵隊の闘争・劫盗などの闘争を見ても(1)、法螺貝、軍の鼓・のどぶえ、琴・瑟《おおごと》・箏《こと》・笛・箜篌《こうこう》、歌や叫び叫声、踊りの音を聞いてはならない。博奕・囲碁・将棋・おはじき・

碁、波羅塞戯、弾碁六博、擲石、投壷、八道行成、抓鏡芝草楊枝鉢盂髑髏而作卜筮、不作盗賊使命、一一不得。(1) 若故作者、犯軽垢罪。

（1）曇無讖訳『大般涅槃経』巻一一「……、終不観看象闘、馬闘、車闘、兵闘、男闘、女闘、牛闘、羊闘、水牛鶏雉鸚鵡等闘。亦不故往観看軍陣。不応故聴吹貝、鼓角、琴瑟、箏笛、箜篌、歌叫、伎楽之声。除供養仏。樗蒲囲碁、波羅塞戯、師子象闘、弾碁六博、拍毱擲石、投壷牽道、八道行成、一切戯笑、悉不観作。終不瞻相手脚面目。不以抓鏡、

双六・石投げ・壷への矢投げ・八道行成（一種のボードゲーム）〔などの賭博や〕爪占い（ネイル占い）・草の葉占い・楊枝・食器鉢・髑髏によって運勢を知ることも許されない。盗賊の手下となるのもいけない。これらはいずれもしてはならぬ。もし故意にするならば、軽垢罪に当たる。

（1）原文は「観」（否定形でない）だが、問題が残る。本条は曇無讖訳『大般涅槃経』巻一一（本条上段注1、一二・四三三上⁝『南本大般涅槃経』巻一一、一二・六七四中）に基づく。『大般涅槃経』は「不観」すなわち「観覧しない」と否定形で表す。同様に、法蔵『梵網経菩薩戒本疏』巻六も最初の列挙項目に「不得」の二字を付して「観覧してはならぬ（不得）」の意に解すべしと言う（四〇・六四九中）。しかし「不得観」という表記は『梵網経』の諸写本版本にないので、文法的に読みにくいけれども、訳文では「観覧しても」という条件の意に解した。

芝草楊枝、鉢盂髑髏、而作卜筮。亦不仰観虚空星宿。除欲解睡。不作王家往返使命、以此語彼、以彼語此。終不諛諂、邪命自活。亦不宣説王臣盗賊闘諍飲食、国土飢饉恐怖、豊楽安隠之事」（一二・四三三上）。曇無讖訳『優婆塞戒経』巻三「受優婆塞戒、復有二事所不応為。一者、摴蒱囲碁六博。二者、種種歌舞伎楽」（二四・一〇四八下）。

【34】

若仏子、護持禁戒、行住坐臥、日夜六時、読誦是戒、猶如金剛、如帯持浮嚢欲渡大海、[1]如草繋比丘、[2]常生大乗信、自知我是未成

【軽罪第三十四】

仏子〔である汝〕は、禁戒をしっかり守り、どんな場合も、昼夜のきまった時に六度、この〔経の〕戒を読誦せよ。〔戒を〕あたかも〔堅固な〕金剛のように、〔絶対安心な〕浮き袋をたずさえて大海原を渡ろうとするかのように、〔草を切ることで

之仏、諸仏是已成之仏、発菩提心、念念不去心。若起一念二乗、外道心者、犯軽垢罪。

（1）曇無讖訳『大般涅槃経』巻一一「既出家已、奉持禁戒、威儀不欠、進止安詳、無所触犯。乃至小罪、心生怖畏。護戒之心、猶如金剛。善男子、譬如有人帯持浮嚢、欲渡大海」（一二・四三二中。望月一九四六・四六一頁。西本一九六〇）。

（2）『同』巻二六「屠家之子常修悪業、以見我故、即便捨離、如闡提比丘。因見我故、寧捨身命、不毀禁戒、如草繫比丘」（一二・五二〇上）。

戒に違犯するのを恐れて〕草に繫がれたまま〔逃げなかった〕比丘のように〔戒を尊重せよ〕。常に大乗を信じる気持ちを起こし、我はまだ未成就の仏（可能性としての仏）であり、諸仏はすでに成就せる仏（完成された仏）であると知り、菩提心を発し、一瞬たりとも気を抜いてはならぬ。たとい僅か一瞬でも〔大乗の心を失い〕二乗や異教徒の心を起こすならば、軽垢罪に当たる。

【35】

若仏子、常応発一切願――孝順父母師僧。願得好師、同学善知識。常教我大乗経律、十発趣十長養十金剛十地使我開解。如法修行。堅持仏戒――、寧捨身命、念念不去心。若一切菩薩不発是願者、犯軽垢罪。

【36】

若仏子、発十大願已、持仏禁

【軽罪第三十五】

仏子〔である汝〕は、常に〔以下の〕すべての誓願[1]を起すべし。(一)父母や師僧に従順でありますように。(二)願わくは好き師を得られますように。(三)共に学ぶ修行者と素晴らしい仲間を得られますように。(四)常に我が大乗の経と律〔の教えである〕(五)十発趣、(六)十長養、(七)十金剛、(八)十地〔の修行それぞれを生きものに〕教え示しますように。そして〔それが〕我が理解を押し広げますように。(九)決められた通りに修行しますように。(十)仏戒をしっかりと保持しますようにと。たとい我が身、我が命を失おうとも、〔これらの誓願が〕一瞬たりとも気を抜くまい。もし一切の菩薩がこれらの誓願を発起しなければ、軽垢罪に当たる。

(1)「すべての誓願」は十項である。次節冒頭に「十大願」とある。

【軽罪第三十六】

仏子〔である汝〕は、〔以上の〕十大願を起したら、仏の禁

戒、作是願言。寧以此身投熾然猛火、大坑刀山、終不毀犯三世諸仏経律、与一切女人作不浄行。

復作是願、「寧以熱鉄羅網、千重周帀纏身、終不破戒之身受於信心檀越一切衣服」。

復作是願、「寧以此口呑熱鉄丸、大流猛火、経百千劫、終不破戒之口食信心檀越百味飲食」。

復作是願、「寧以此身臥大猛火羅網、熱鉄地上、終不破戒之身受信心檀越百種床坐」。

復作是願、「寧以此身受三百鉾刺身、終不破戒之身受信心檀越百味医薬」。

戒を保持し、次の願文を唱えよ、「たとい燃えさかる大火や大穴、剣の切り立つ山にこの身を投じたとて、三世諸仏の経と律〔の教え〕を破り、一切の女性と不の行為を決してするまい」。

更に次の願文を唱えよ、「たとい灼熱の鉄網でわが身を幾重に巻き縛られても、破戒の身で篤信の檀越の〔布施する〕一切の衣服を決して受け取るまい」。

更に次の願文を唱えよ、「たといこの口で灼熱の鉄玉や燃えさかる猛火を呑み込み、それが百カルパ・千カルパの長きに及ぶとも、破戒の口で篤信の檀越の〔布施する〕百種の様々な飲食物を決して摂るまい」。

更に次の願文を唱えよ、「たといこの身で激しい猛火の網や灼熱の鉄で出来た地上に臥すとも、破戒の身で篤信の檀越の〔布施する〕百種の様々な寝具や座具を決して受け取るまい」。

更に次の願文を唱えよ、「たといこの身に三百の鉾が突き刺さるとも、破戒の身で篤信の檀越の〔布施する〕百種の諸薬を決して受けるまい」。

復作是願、「寧以此身投熱鉄鑊千劫、終不破戒之身受信心檀越千種房舎屋宅、園林田地」。

復作是願、「寧以鉄鎚打砕此身、従頭至足、令如微塵、終不以此破戒之身受信心檀越恭敬、礼拝」。

復作是願、「寧以百千熱鉄刀鉾挑其両目、終不破戒心視他好色」。

復作是願、「寧以百千鉄釘遍身劖刺耳根、経一劫二劫、終不以破戒心聴好音声」。

復作是願、「寧以百千刃刀割去其鼻、終不破戒心貪嗅諸香」。

復作是願、「寧以千刃刀割断

更に次の願文を唱えよ、「たといこの身が灼熱の鉄の釜に投ぜられ、それが千カルパの長きに及ぶとも、破戒の身で篤信の檀越の〔布施する〕千種の部屋・家屋・園林・田畑を決して受け取るまい」。

更に次の願文を唱えよ、「たとい鉄槌でこの身を打たれ、頭から足の先まで千々に砕かるるとも、破戒の身で篤信の檀越の尊敬や礼拝を決して受けるまい」。

更に次の願文を唱えよ、「たとい百千の灼熱の鉄の剣や鉾で両目を抉られるとも、破戒の心で他人の体を決して色目で見るまい」。

更に次の願文を唱えよ、「たとい百千の鉄釘で全身を打ち込まれ、耳を突き刺され、それが一カルパ・二カルパの長きに及ぶとも、破戒の心をもって美音を決して聴くまい」。

更に次の願文を唱えよ、「たとい百千の刀剣でわが鼻を削がるとも、破戒の心でいろいろな香りを決して貪り嗅ぐまい」。

更に次の願文を唱えよ、「たとい千の刀剣でわが舌を切り取

其舌、終不以破戒之心食人百味浄食」。

復作是願、「寧以利斧斬破其身、終不以破戒心貪著好触(1)」。

復作是願、「願一切人成仏」。

菩薩若不発是願者、犯軽垢罪。

(1) 曇無識訳『大般涅槃経』巻一一「善男子、菩薩摩訶薩受持如是諸禁戒已、作是願言、「寧以此身投於熾然猛火深坑、終不毀犯過去未来現在諸仏所制禁戒。与刹利女婆羅門女居士女而行不浄」。復次、善男子、菩薩摩訶薩復作是願、「寧以熱鉄周匝纏身、終不敢以破戒之身受於信心檀越衣服」。

らるとも、破戒の心で他人の〔施す〕百種の清き食物を決して食らうまい」。

更に次の願文を唱えよ、「たとい鋭い斧でわが身を切り刻むとも、破戒の心をもって決して柔肌に執着するまい」。

更に次の願文を唱えよ、「願わくは一切の人々が仏となりますように」。

菩薩がもしこれらの願文を発起しなければ、軽垢罪に当たる。

復次、善男子、菩薩摩訶薩復作是願、「寧以此口呑熱鉄丸、終不敢以毀戒之口食於信心檀越飲食」。復次、善男子、菩薩摩訶薩復作是願、「寧臥此身大熱鉄上、終不敢以破戒之身受於信心檀越床敷臥具」。復次、善男子、菩薩摩訶薩復作是願、「我寧以身受三百鉾、終不敢以毀戒之身受於信心檀越医薬」。復次、善男子、菩薩摩訶薩復作是願、「寧以此身投熱鉄、不以破戒受於信心檀越房舎屋宅」。復次、善男子、菩薩摩訶薩復作是願、「寧以鉄搥打砕此身、従頭至足、令如微塵、不以破戒受諸刹利婆羅門居士恭敬礼拝」。復次、善男子、菩薩摩訶薩復作是願、

「寧以熱鉄挑其両目、不以染心視他好色」。復次、善男子、菩薩摩訶薩復作是願、「寧以鉄錐遍身攙刺、不以染心聴好音声」。復次、善男子、菩薩摩訶薩復作是願、「寧以利刀割去其鼻、不以染心貪嗅諸香」。復次、善男子、菩薩摩訶薩復作是願、「寧以利刀割裂其舌、不以染心貪著美味」。復次、善男子、菩薩摩訶薩復作是願、「寧以利斧斬斫其身、不以染心貪著諸触。何以故。以是因縁能令行者墮於地獄、畜生、餓鬼。迦葉、是名菩薩摩訶薩護持禁戒。菩薩摩訶薩護持如是諸禁戒已、悉以施於一切衆生。以是因縁、願令衆生護持禁戒、得清浄戒善戒不欠戒不析戒大乗戒不退戒随順戒畢竟戒、具足成就波羅蜜戒」（一二・四三三上～中。望月一九四六・四六一～四六三頁。西本一九六〇）。

【37】

若仏子、常応二時頭陀、冬夏坐禅、結夏安居、常用楊枝、澡豆、三衣瓶鉢、坐具錫杖、香爐漉水嚢手巾、刀子火燧鑷子縄床、経律仏像菩薩形像。而菩薩行頭陀時及遊方時、行来百里千里、此十八種物常随其身。頭陀者、従正月十五日至三月十五日、八月十五日至十月十五日、是二時中、十八種物常随其身、如鳥

【軽罪第三十七】

菩薩たるものは、常に〔春秋の二期に〕頭陀行《ずだぎょう》を行い、夏冬に坐禅し、夏安居を設け、常に〔以下の物品を〕用いるべし。楊枝・豆の洗い粉・三種の衣・水瓶・鉢（食器）・坐具（一人用の敷物）・錫杖（外出用の杖）・香炉・水濾し器・手ぬぐい・ナイフ・火起こし具・毛抜きとげ抜き・縄を編んで作った椅子・経・律・仏像・菩薩像。しかるに菩薩は、頭陀を行う時と行脚する時には、百里・千里の彼方を往復する際にこれら十八種の物品を常に携帯せよ。頭陀行は、正月十五日から三月十五日までと、八月十五日から十月十五日までであり、この二つの期間は十八種物を常に携帯し、あたかも鳥の翼のように〔肌身離さ

之翼。

若布薩日、新学菩薩、半月半月布薩、誦十重四十八軽戒時、於諸仏菩薩形像前、一人布薩即一人誦、若二若三人、至百千人、亦一人誦。誦者高坐、聴者下坐、各各披九条七条五条袈裟。

結夏安居、一一如法。若頭陀時、莫入難処。若国難悪王、土地高下、草木深邃、師子虎狼、水火風、劫賊道路毒蛇、一切難処、悉不得入。一切難処故、頭陀行道、乃至夏坐安居、是諸難処、亦不得入此難処。況行頭陀者見難処。故入者、犯軽垢罪。

ぬようにせよ〕。

〔戒律違反を確認する〕布薩儀礼の日に、新学菩薩が半月ごとに布薩を行い十重四十八軽戒を誦える時、諸仏諸菩薩の像の前で一人で布薩するならば一人で〔戒を〕誦え、二人・三人、もしくは百人・千人〔の布薩〕に至るまで、やはり一人で戒を誦える。諳誦者は高い所に坐り、聴者は低い所に坐り、各自、九条・七条・五条の袈裟を身に纏う。

夏安居を設ける時は、逐一決められた通りの方法で行う。頭陀行をする時は、危険な場所に入ってはならぬ。〔すなわち〕国家の危機のある場所であれ、悪王のいる場所であれ、極端な高地や低地であれ、奥深過ぎる草林であれ、ライオン・虎・狼のいる所であれ、洪水・火事・暴風の危険がある所であれ、劫《ごう》盗《とう》がいる所であれ、道路に毒蛇がいる所であれ、〔どこであれ〕一切の難所に決して入ってはならぬ。一切の難所であるが故に、頭陀を修行する場合から夏安居して滞在する場合まで、諸々の難所に、やはり入ってはならぬ。ましてや頭陀行を行う者が危

【38】

若仏子、応如法次第坐。(1) 先受戒者在前坐、後受戒者在後坐、不問老少、比丘比丘尼、貴人国王王子乃至黄門奴婢、皆応先受戒者在前坐、後受戒者次第而坐、莫如外道癡人。若老若少、無前無後、坐無次第、兵奴之法。我仏法中、先者先坐、後者後坐。而菩薩不次第坐、犯軽垢罪。

(1) 弗若多羅・鳩摩羅什共訳『十誦律』巻五七「僧会法者、除月六斎日、余残僧会、僧事、

険を目の当たりにした場所なら尚更である。故意に入るならば、軽垢罪に当たる。

【軽罪第三十八】

仏子たる〔汝〕は、決められた通りの仕方で順に坐るべし。先に受戒した者が前に坐り、後で受戒した者が後ろに坐り、長老か若者か、比丘か比丘尼か、身分が高いかどうか、国王か、王子か、ひいては去勢者か、男奴隷か女奴隷かを問わず、皆、先に受戒した者から順に坐るのであり、異教徒や理知の足りない者のようにしてはならぬ。老いも若きも〔関係なく〕、前後の順を乱して無秩序に坐るのは兵隊や奴隷の仕方である。我が仏法の中では、先に受戒した者が前に坐り、後で受戒した者は後ろに坐る。しかるに菩薩が〔受戒の〕順に坐らないならば、軽垢罪に当たる。

僧坐処唱時、打揵稚時、諸比丘応速去、如法次第坐、応随法、随比尼、随仏教行、不軽上、中、下座。是名増会法」（二三・四二二下）。

【39】

若仏子、常応教化一切衆生、建立僧房山林園田、立作仏塔。冬夏安居、坐禅処所、一切行道処、皆応立之。而菩薩応為一切衆生講説大乗経律、若疾病国難賊難、父母兄弟和上阿闍梨亡滅之日、及三七日、四五七日、亦講大乗経律、而斎会求、行来持生、大火大水所　、黒風所吹船舫、江河大海羅刹之難、亦読誦、

【軽罪第三十九】

仏子〔である汝〕は、常に一切の生きものを教化し、僧房・山林・園地・田畑を作り、仏塔を建立すべし。夏と冬とに安居し(1)、坐禅する際の諸処に、修行を行うすべての場所に、〔菩薩は〕皆それ（仏塔）を建立すべし。しかるに菩薩は一切の生きもののために大乗の経律を講義し解説すべきであり、疾病の場合・国家的危機・盗賊の危険がある場合や、父母兄弟・自らの直接の師僧（和上）・様々な師匠（阿闍梨）が亡くなった日、そしてその後の三七（二十一）日の間、四七（二十八）日の間、五七（三十五）日の間には、やはり大乗の経律を講義し、斎会によって福徳を希求し、各地を往来して〔生きものに〕生命の維

講説此経律、乃至一切罪報、三報八難七逆、杻械枷鎖、繋縛其身、(1)多婬多瞋、多愚癡多疾病、皆応講此経律。而新学菩薩若不爾者、犯軽垢罪。

（1）偽経（伝鳩摩羅什訳）『仁王般若波羅蜜経』巻下「大王、不但護福、亦護衆難。若疾病苦難、杻械枷鎖、検繫其身、破四重罪、作五逆因、作八難罪、行六道事、一切無量苦難、亦講此経、法用如上説」（八・八三〇上）。

是九戒応当学、敬心奉持、「梵坦品」当説。

持〔を教え〕よ。大火事や大洪水で流された〔家屋〕、暴風で吹き飛ばされた船舶がある場合や、河川や大海で羅刹に出会う危険がある場合も、やはりこの経律(1)を読誦し、講義解説せよ。ひいては一切の罪やその報い、〔すなわち〕三種の報い、八つの災難、七種の大逆罪、手かせ足かせによる身の拘束、過剰な性欲、可能な忿怒、過剰な愚昧、あまりにも多い疾病の〔弊害があるときにも、菩薩たちは〕皆、この経律(2)を講義すべし。しかるにもし新学菩薩がそうしないならば、軽垢罪に当たる。

（1）我が国鎌倉時代の道元は『正法眼蔵』の中で「梵網経中ニ冬安居アレトモ、ソノ法ツタハレス」（八二・二六二上）と、日本では冬安居しないと言う。

（2）大乗経律である本経『梵網経』と解す。

この九戒を修学し、敬意をもってしっかり守るべし。〔詳しくは後に〕「梵坦品」(1)で解説しよう。

【40】

仏言、仏子、与人受戒時、不得簡択一切国王王子、大臣百官、比丘比丘尼、信男女、婬男女、十八天、無根二根、黄門奴婢、一切鬼神、尽得受戒、応教身所著袈裟、皆使壊色、与道相応、皆染使青黄赤黒紫色一切染衣、乃至臥具、尽以壊色、身所著衣、一切染色(1)。若一切国土中国人所著衣服、比丘皆応与其国土衣服色異、与俗服有異。

若欲受戒時、問言、「現身不

(1)「梵坦品」は本経大本の一章。詳細不明。

【軽罪第四十】

仏は言った。仏子〔である汝〕は、誰かに戒を授ける時、〔その受戒者が〕国王か、王子か、大臣か、諸官僚か、比丘か、比丘尼か、〔在家の〕信心ある男や女か、色を売る〔在家の〕男か女か、十八種の天の神々か、中性者か、両性具有者か、去勢者か、男奴隷や女奴隷か、様々な悪鬼や神々かを選別してはならぬ。誰でも受戒できるのである。〔受戒後は〕身につける袈裟をすべて純色でないものにし、修行の道に相応しく、すべて青・黄・赤・黒・紫の色で、衣服から寝具に至るまですべてをすっかり純色でないものにして、身につける衣服をすべて〔雑色に〕染めることを教えるべし。すべての国土で人々の着る服〔の色〕があれば、比丘は皆その地の衣服とは別な色にし、世俗の服の色と区別せよ。

もし誰かが受戒を希望するならその時は、こう訊ねよ、「今

作七逆罪耶」。菩薩法師不得与七逆人現身受戒。七逆者、出仏身血、殺父母、殺和上、殺阿闍梨、破羯磨転法輪僧、殺聖人。若具七遮、即身不得戒。余一切人、得受戒。

出家人法、不向国王礼拝、不向父母礼拝、六親不敬、鬼神不礼、但解師語、有百里千里来求法者、而菩薩法師以悪心瞋心而不即与授一切衆生戒、犯軽垢罪。

（1）『十誦律』巻一五「若比丘得新衣者、応三種色中随一一

のこの身で七逆罪《しちぎゃくざい》を犯してはいないか」。菩薩法師は、七逆罪〔を犯した〕者に、現今の身のまま、戒を授けてはならぬ。七逆とは、（一）仏身〔に害を与え〕出血させる、（二）父を殺す、（三）母を〔殺す〕、（四）自らの直接の師を殺す、（五）他の諸々の師僧を殺す、（六）教団内の布薩《ふさつ》儀礼を拒否して別に布薩し仏法に反する事柄を教える、（七）聖者を殺す、である。(1)もし七種の障害（七遮《しちしゃ》）〔のいずれか〕に該当するなら、この身では戒を体得できない。それ以外のすべての人は、戒を受けることができる。

出家の決まりとして、国王に礼拝しない。父母にも礼拝しない。六親《りくしん》にも敬意を表さない。鬼神にも礼しない。もっぱら授戒師のいう言葉を理解できる者が百里・千里の彼方から法を求めてやって来るのに、しかるに菩薩法師が悪意や怒りの気持ちから、一切の生きもののための〔菩薩〕戒を即座に授けないならば、軽垢罪に当たる。

種壊是衣色、若青、若泥、若茜。若比丘不以三種壊衣色著新衣者、波逸提」（二三・一〇九中）。

【41】

若仏子、教化人起信心時、菩薩与他人作教戒法師者、見欲受戒人、応教請二師、和上阿闍梨。二師応問言、「汝有七遮罪不」。若現身七遮、師不与受。無七遮者、得受。

若有犯十戒者、教懺悔、在仏菩薩形像前、日日六時、誦十戒四十八軽戒。苦到礼三世千仏、得見好相者。若一七日、二三七

（1）「七逆（罪）」は「七遮（罪）」と同じ。以前から存在していた「五逆（罪）」という語に基づき、それに（四）（五）を増し加えて新たに使い始めた、本経独自の要語。

【軽罪第四十一】

もし仏子〔である汝〕が人を教化して信心を起こさせた時に、菩薩〔である汝〕が他の人のために戒を教授する法師として、その受戒希望者を見たら、二人の師、すなわち直接の師（和上）ともう一人の師（阿闍梨）とに来てもらうべし。二人の師はこう訊ねるべし、「汝は七遮罪(1)があるか」。もし現今のこの身に七遮〔がある〕なら、師は〔戒を〕授けない。七遮がなければ、受戒できる。

もし〔受戒希望者が、受戒儀礼より以前に既に〕十戒（本経の十重罪）に違犯していたならば、懺悔して、仏像や菩薩像の前で毎日決まった時間に六回、十戒四十八軽戒を誦えよと教える。念入りに心をこめて(2)三世の千仏に礼拝すると、〔仏の〕瑞

日、乃至一年、要見好相。

相者、仏来摩頂、見光華種種異相、便得滅罪。若無好相、雖懺無益。是現身亦不得戒、而得増受戒。

若犯四十八軽戒者、対手懺罪滅、不同七遮。而教戒師、於是法中、一一好解。若不解大乗経律、若軽若重、是非之相、不解第一義諦習種性長養性不可壊性道性正性、其中多少観行、出入十禅支、一切行法、一一不得此

祥(3)を目の当たりにすることができる。〔できなければ〕七日あるいは二七（十四）日、三七（二十一）日、ないし一年に至るまで〔続け〕、瑞祥を目の当たりにすることが肝心である。

〔瑞祥の〕具体的な相とは、仏が来たりて頭頂を撫でる、光や花を見る、様々な素晴らしい相を見る〔等〕であり、〔それを目の当たりにすれば、過去に犯した〕罪を止滅することができる。もし瑞祥がなければ、懺悔をしたとて無益であり、この〔人は〕今のこの身のままでは戒を体得できないが、受戒〔の効果を、将来再受戒するために〕を増しておくことができる。

もし四十八軽戒に違犯していたならば、適切な人の前で懺悔すれば(4)罪が消える。この点は七遮罪と異なる。しかるに戒を教える師はその〔四十八の〕戒法の一つ一つを十分理解せよ。もし大乗の経と律〔の教え〕、〔犯した罪は〕重罪か軽罪か、〔菩薩として〕何をすべきか否か特徴を理解せず、究極の真実〔の教えを知る段階〕・修行し始めの段階（習種性）・長期修養する段階（長養性）・もはや壊れることのない〔堅固な〕段階（不可

法中意。而菩薩為利養、為名聞故、悪求貪利弟子、而詐現解一切経律、為供養故、是自欺詐、欺詐他人、故与人受戒者、犯軽垢罪。

壊性）・悟りへ修行道の段階（道性）、正しい〔悟り〕の段階（正性）(5)を理解せず、それらの真理観察行における〔修行者に合った〕入定・出定の様子や、十禅支〔という三界の煩悩を離れるための瞑想法などを理解せず〕、一切の行法の一々の行法の真意を〔理解〕できない。しかるに菩薩が利欲を貪るため、名声のために、あくどく求め、利益を貪り、弟子〔にもさせ〕、一切の経と律を理解しているかのようなふりをして人を瞞し、尊敬されたいがために、自らをも欺き、他人をも欺く。〔かかる者が〕故意に人に戒を授けるならば、軽垢罪に当たる。

（1）七遮罪が何かは【軽罪第四十】を見よ。
（2）「念入りに心をこめて」の原語は諸本すべて「苦到」（極めて切実に）。大正新脩大蔵経本が「若到」に作るのは誤植。誤植に気付かず奇妙な理解をする人々はかなり多い。十分注意すべし。
（3）「〔仏の〕瑞祥（好相）」は仏の素晴らしい姿を直接目の当たりにする見仏体験。仏が直に眼前に現れ、受戒を承認すること。
（4）原語は「対手懺《たいしゅさん》」。「対首懺《たいしゅ》」と同じ。
（5）六段階について義寂『菩薩戒本疏』巻下之末は言う、「「不解第

【42】

若仏子、不得為利養、於未受菩薩戒者前、外道悪人前、説此千仏戒。大邪見人前、亦不得説。除国王、余一切不得説。是悪人輩不受仏戒、名為畜生。生生不見三宝、如木石無心、名為外道邪見人輩、木頭無異。而菩薩於是悪人前説七仏教戒者、犯軽垢罪。

一義諦」なる者は、理法を解さざるを謂う。『地論』に説く所の四種真実等を第一義と名づく。「若習種」より下は、行法を解さざるを謂う。「習種姓（性）」は十発趣を謂う。「長養姓（性）」なる者は十長養を謂う。「不可壊姓（性）」なる者は十金剛を謂う。此の三は即ち是れ地前（＝十地に入る以前）の三賢なり。「道姓（性）」なる者は十地を謂う。正性は仏地を謂う」（四〇・六八六中）。

【軽罪第四十二】

仏子〔である汝〕は、利欲を貪るため、まだ菩薩戒を受けていない者の前や異教徒や悪人の前でこの千仏の戒（梵網戒）を説くことはならぬ。大邪見の人の前で説くこともならぬ。国王を除き[1]、それ以外のすべての人に説いてはならぬ。仏戒を受けていない悪人たちは畜生と呼ばれる。生まれ変わる先々で三宝を見ることなく、木や石ころのように心がかよっていない者は異教徒や邪見の人と呼ばれ、〔心をもたぬ〕木片のようにみなされる。しかるに菩薩がこれら悪人の前で七仏の教えである戒を説くならば、軽垢罪に当たる。

【43】

若仏子、信心出家、受仏正戒、故起心毀犯聖戒者、不得受一切檀越供養、亦不得国王地上行、不得飲国王水。五千大鬼常遮其前、鬼言大賊。入房舎城邑宅中、鬼復常掃其脚迹、一切世人罵言、仏法中賊。(1)一切衆生、眼不欲見犯戒之人、畜生無異、木頭無異。若毀正戒者、犯軽垢罪。

【軽罪第四十三】

もし仏子〔である汝〕が信心から出家し、仏の正しい戒を受け、大聖〔たる仏〕の戒を誹謗する心を故意に起こすならば、一切の檀越の敬意ある布施を受けてはならぬ。また(1)〔仏教を信仰する〕国王の土地を踏むこともならぬし、国王の水を飲むこともならぬ。五千の群なす鬼霊が行く手を遮り、鬼たちは〔汝を〕大悪賊と呼び、〔汝が〕宿舎や街や村、住宅の中に入ると、更に鬼は〔汝の穢れた〕足跡を消しまわり、世間のすべての人々は〔汝を〕仏法に潜む悪賊と罵るであろう。一切の生きものは、戒律に違反した〔汝〕を見ようとせず、〔汝を〕畜生

(1) 国王が菩薩戒を受けていなくとも、国王には例外的に菩薩戒を説いてもよい。その理由は、国王は仏法の守護者となり得るからであり、教えを秘密にすることで仏教を迫害する可能性すら生じるから。〔唐〕伝奥『梵網経記』は「国王ハ仏法ヲ損益スルノ力ヲ有《も》ツガ故ニ」と言い、北宋の慧因『梵網経菩薩戒注』も同様に「王ハ仏法ヲ損益スルノ力ヲ有ツヲ以テノ故ニ」と言う。

（1）道宣（五九六～六六七）『四分律比丘尼鈔』巻下之上「『比丘応供経』云、若我弟子有受別請、定失四果、不名比丘道人、不名受檀越供養人。是人不得国王地上行、不得飲国王水。有五百大鬼常遮其前、是比丘七劫不見仏、不為授手、不得檀越之物。五百大神常随其後、言「仏法中大賊」。仏言、莫如外道。親近知識、国王、大臣前、自唱言、「我得真道、欲受別請。若我弟子受別請者、非仏弟子、非求道人。是空作、是計名為畜生、地獄中人不見千仏」」（続蔵一・六四・一・七七裏下）。円測（六一三～六九六）『仁王経疏』巻下末「是故『比丘応供法行

と変わらぬ者・〔心をもたぬ〕木片と変わらぬ者〔と思うであろう〕。もし正しい戒を誹謗するならば、軽垢罪に当たる。

（1）「また」以下は、偽経『比丘応供法行経』に基づく。『比丘応供法行経』の完本は現存しないが、部分的引用が道宣『四分比丘尼鈔』（続蔵一・六四・一・七七裏下）、円測『仁王経疏』（三三・四二六中～下）、法蔵『梵網経菩薩戒本疏』（四〇・六四七上）、明曠『天台菩薩戒疏』（四〇・五九四上～中）にある。

経』云、「若我弟子有受別請者、是人定失一果二果三果四果、不名比丘。是其不得国王地行、不得飲食国王水。有五百大鬼常遮其前、是比丘七劫不見仏、仏不授手、不得受檀越物。五千大鬼常随其後、言「仏法中大賊」。諸比丘応作次第請僧、七仏法如是。次第僧中、有仏化僧、四道果僧、菩薩僧、七賢僧、凡夫僧、欲使四方檀越得如是僧故、莫別受請」、具説如彼」（三三・四二六中～下）。法蔵『梵網経菩薩戒本疏』巻六（四〇・六四七上）。望月（一九四六・四六三～四六五頁）。

【44】

若仏子、常応一心受持、読誦、剥皮為紙、刺血為墨、以髄為水、折骨為筆、書写仏戒(1)。木皮角紙絹亦応悉書持、常以七宝無価香華、一切雑宝為箱、盛経律巻。若不如法供養者、犯軽垢罪。

(1) 曇無讖訳『大般涅槃経』巻一四「世尊、我於今者、実能堪忍、剥皮為紙、刺血為墨、以髄為水、折骨為筆、書写如是『大涅槃経』。書已読誦、令其通利。然後、為人広説其義」(一二・四四九上)。鳩摩羅什訳『大智度論』巻二八「如一『本生経』中説、菩薩智慧、於無量阿僧祇劫已来、

【軽罪第四十四】

仏子〔である汝〕は常に一心に〔戒を〕受け入れ、読誦し、身の皮膚を剥いで紙とし(1)、体を刺して血を出して墨とし、骨を折って筆として仏戒を書写すべし。樹皮や角紙(2)、絹もすべて書写し保持するのに用いるべきであり、常に七宝や、計り知れない価値の香や花、あらゆる種類の宝物で経箱を作り、そこに経巻や律巻を収めるべし。もし決められた通りに経典に敬意を表わさなければ、軽垢罪に当たる。

(1)『大般涅槃経』(一二・四四九上)、『大智度論』(二五・二六七下)等に基づく。
(2)「角紙」はこうぞ紙か。日本鎌倉期の凝然『梵網戒本疏日珠鈔』巻五〇(六二・二五七上)によれば、「角紙」は穀紙や楮皮紙、角猪皮紙とも言う。

合集衆智、於無量劫中無苦不行、無難不為。為求法故、赴火投巌、受剥皮苦、出骨為筆、以血為墨、以皮為紙、書受経法」（二五・二六七下）。『同』巻四九「我有仏所説一偈、汝能以皮為紙、以骨為筆、以血為墨、書写此偈、当以与汝」（二五・四一二上）。同訳『集一切福徳三昧経』巻中（一二・九九五下〜九九六上）。西本（一九六〇）参照。

【45】

若仏子、常起大悲心。若入一切城邑舎宅、見一切衆生、唱言、「汝衆生、尽応受三帰十戒」。若見牛馬猪羊一切畜生、応心念口

【軽罪第四十五】

仏子〔である汝〕は常に深い思い遣りの心を起こすべし。すべての街や村や宿舎に入るときに、どんな生きものでも見かけたら、次のように唱えよ、「汝ら生きものは、三帰戒と十戒をすべて受けるべし」。もし牛や馬、猪、羊、その他どんな動物

言、「汝是畜生、発菩提心」。而菩薩入一切処山林川野、皆使一切衆生発菩提心。是菩薩若不教化衆生、犯軽垢罪。

【46】

若仏子、常行教化大悲心、入檀越貴人家一切衆中、不得立為白衣説法、応白衣衆前高座上坐、法師比丘不得地立為四衆白衣説法[1]。若説法時、法師高坐、香華供養、四衆聴者下坐、如敬孝順父母、順師教、如事火婆羅門。其説法者若不如法、犯軽垢罪。

でも見かけたら、次のように心の中で念じて言え―、「汝は動物。菩提心を起こせ」。そうして菩薩は、山林川野のどんな所に入るときも、皆、すべての生きものに菩提心を起こさせよ。菩薩たるものがもし生きものを教化しないならば、軽垢罪に当たる。

【軽罪第四十六】

もし仏子〔である汝〕が深い思い遣りの心を〔生きものに〕教えることを常に実践し、檀越や高貴な人の家や、他の全ての人々の集まる中に入る時には、起立したまま在家者に説法してはならぬ。在家者集団の前で高い所に坐るべし。法師となる比丘は起立したまま四種の〔仏教徒やその仏教徒以外の〕白衣[1]のために説法してはならぬ。もし説法する時は、法師が高いところに坐り、香や花で敬意をもってもてなされ、四種の聴衆は低いところに坐って、あたかも父母を敬愛して従順として、師の教えに従うが如く、そして火を祀る婆羅門のようにせよ。説法

（1）偽経（伝鳩摩羅什訳）『仁王般若波羅蜜経』巻下「比丘地立、白衣高坐。兵奴為比丘、受別請法、知識比丘共為一心親善比丘、為作斎会求福、如外道法、都非吾法」（八・八三三中）。

【47】

若仏子、皆以信心受仏戒者、若国王太子百官、四部弟子、[1]自恃高貴、破滅仏法戒律、明作制法、制我四部弟子、不聴出家行道、亦復不聴造立形像仏塔経律、破三宝之罪。而故作破法者、犯軽垢罪。

者がもし決められた通りにしないならば、軽垢罪に当たる。

（1）「四種の在家者たち（四衆白衣）」は意味が通らず、問題である。敢えて矛盾なく解そうとすれば、出家の男女と在家の男女（四衆）および仏教徒でない通常生活者と解することも理屈として可能だが、強いた解釈であることは否めない。

【軽罪第四十七】★

もし仏子〔である汝ら〕が皆[1]、信心から仏戒を受戒する者として、国王であれ、太子であれ、諸官僚であれ、四部の仏弟子〔男性出家者・女性出家者・男性在家者・女性在家者〕であれ、〔彼らが〕自ら高貴さを笠に着て、仏の教えや戒律を壊し、〔仏教徒を自ら〕規制する法をはっきりと作り、我が四部の弟子たちの活動を制約し、出家して修行することを許可せず、更にまた〔仏や菩薩の〕像・仏塔・経や律を作ることをも許可しないなら、三宝を破壊する罪である。しかるに故意に仏法を破壊する

【48】

若仏子、以好心出家、而為名聞利養、於国王百官前説仏戒、横与比丘比丘尼菩薩弟子繋縛、如師子身中虫自食師子、非外道、(1)天魔破。若受仏戒者、応護仏戒、如念一子、如事父母。而聞外道、悪人以悪言謗仏戒時、如三百鉾刺心、千刀万杖打拍其身、等無有異。寧自入地獄百劫、而不一聞悪言破仏戒之声。況自破仏戒、教人破法因縁、亦無孝順之心。

ならば、軽垢罪に当たる。

(1) これ以下多くの異本がある。詳しくは船山(二〇一七/二〇二三・二三八〜二四六頁)を見よ。

【軽罪第四十八】★

もし仏子〔である汝ら〕が素晴らしい心懸けで出家したのに、名声と利欲を貪るために、国王や諸官僚の前で仏戒を説くなら、比丘や比丘尼、菩薩の弟子に不正に束縛をかけることになる。そのさまはライオンの体内の虫が自らライオンを食らうのと同じである。異教徒や天の魔物が〔外から〕破滅するのではない(1)。もし仏戒を受けたら、あたかも一人息子に思いをかけるように、そして父母に仕えるように仏戒を庇護すべし。しかるに異教徒や悪人が悪い言葉で仏戒を誹謗するのを耳にした時は、あたかも三百本の鉾が心臓を突き刺すと、そして千の刀剣・万の棍棒がわが身を殴打すると〔思え〕。〔菩薩の悲痛はこれと〕何ら違いがない。たとい自ら地獄に入り、それが百カルパの長きに及若故作者、犯軽垢罪。

ぶとも、一度たりとも、悪い言葉で仏戒を破滅させようとする人の声を聞いてはならぬ。まして自ら仏戒を破壊し、人に破壊の方策を教えるなら尚更であり、やはりそこに〔仏戒への〕素直で従順な心は存在しない。もし故意に〔仏戒を誹謗する〕ならば、軽垢罪に当たる。

（1）［北涼］釈道龔訳『宝梁経』（『大宝積経』巻一一三「宝梁聚会第四〇」「迦葉、多有悪比丘壊我仏法。迦葉、非九十五種外道能壊我法、亦非諸余外道能壊我法。除我法中所有癡人。此癡人輩能壊我法。迦葉、譬如師子獣中之王、若其死已、虎狼鳥獣無有能得食其肉者。迦葉、師子身中自生諸虫、還食其肉。迦葉、於我法中出如是等諸悪比丘、貪惜利養、為貪利所覆、不滅悪法、不修善法、不離妄語」（一一・六四〇中〜下）。［北涼］道泰訳『入大乗論』巻上「若誹謗摩訶衍者、是大過罪。汝今若言「此是魔説」、仏所不説。然諸『経』中、実無此語。若但口言為大乗者、是魔所説、終不可信。汝意若謂是仏説者、猶如師子身中生虫、則還食師子。三乗皆爾、不独大乗。是故当如摩訶衍者、非魔所及、唯仏能説」（三二・三八下）。

是九戒応当学、敬心奉持。

諸仏子、是四十八軽戒、汝等受持、過去諸菩薩已誦、現在諸菩薩今誦。

以上二例にも師子身中の虫への言及がある。共に北涼の漢訳である。師子身中の虫に言及する『仁王般若波羅蜜経』と『梵網経』も恐らくは何らかの形で北涼の仏教を知り、かつ北魏における仏教の政治的束縛に批判的な者が緊密に関与して世に現れた可能性が大きいと考えられる。

★軽罪第四十七と第四十八の内容は相互に繋がり、共に偽経（伝鳩摩羅什訳）『仁王般若波羅蜜経』と中国史書『魏書』の「釈老志」（仏教と道教の歴史）の内容と深く関連する。詳しくは、本章末尾の【コラム2　中国の北魏が国家的に強行した廃仏毀釈を批判する『梵網経』】を見よ。

【軽罪四十八種の結び】

この九戒を修学し、敬意をもってしっかり守るべし。

諸仏子よ、これらすべての四十八軽戒を汝らは受け守るように。これは過去の諸菩薩が既に誦えた〔戒であり〕、現在の諸菩薩が今誦えている〔戒である〕。

仏子聴、十戒四十八戒、三世諸仏已誦当誦今誦。我今亦如是誦。汝等一切大衆、若国王王子百官、比丘比丘尼、信男信女受持菩薩戒者、応受持、読誦解説、書写仏性常住戒巻、流通三世一切衆生、化化不絶、得見千仏、仏仏授手、世世不墮悪道八難、常生人道天中。

我今在此樹下、略開七仏法戒。

【十重四十八軽戒の全体の結び】

仏子よ、聴くがよい。十戒と四十八戒(1)は、〔過去・現在・未来の〕三世の諸仏が既に唱え、将来誦えるであろう〔戒であり〕、今誦えている〔戒である〕。汝ら一切の聴衆は、かりに国王であれ、王子であれ、諸官僚であれ、比丘や比丘尼であれ、信心深い男であれ、信心深い女であれ〔誰であれ〕菩薩戒を受け守る者たちは、仏性はいつも変わらない〔ことを説く〕戒の巻子を受け保ち、読誦し、解説し、書写し続け、〔過去・現在・未来という〕三世の一切の生きものに弘め、いかなる転変を経ても存続し絶えることなくすべし。〔生きものは〕千仏を目の当たりにできるようになり、仏たちは手をさしのべ、何度生まれ変わっても悪道や八難に失墜することなく、常に人間や天上の神々に生まれるであろう。

（1）十重戒（十波羅夷）と四十八軽戒。

我は今、この〔菩提〕樹の下で七仏の法戒を大凡説き示した。

汝等当一心学波羅提木叉、歓喜奉行、如「無相天王品」勧学中一一已明。

汝らは一心に〔菩薩の〕戒条を修学し、喜びをもって修行に勤しめ。〔詳細は〕既に「無相天王品」の勧学〔という節〕で逐一説き明かした通りである。

三千学時坐聴者、聞仏自誦、心心頂戴、喜踊受持。

【聴衆の様子】

その時坐して耳を傾けていた三千世界の修学者たちは、仏が自ら〔戒を〕誦えるのを聴いて、各自の心にそれをありがたく受け止め、歓喜雀躍して〔教えを〕受け守った。

爾時釈迦牟尼仏、説上蓮華台蔵世界盧舎那仏「心地法門品」中「十無尽戒法品」竟、千百億釈迦亦如是説、従摩醯首羅天王宮、至此道樹、十住処説法品、

【本経本品の結び】

その時、釈迦牟尼仏は、以上の蓮華台蔵世界の盧舎那仏[1]〔によって説示された〕「心地法門品」の中の「十無尽戒法品」を説き終わり、千百億の〔化仏の〕釈迦たちも同様に説いた。〔かくして〕摩醯首羅天王宮からこの菩提樹までの十箇所でこの〔十無尽戒〕法品を説き、一切の菩薩と言い表せない程多く

為一切菩薩不可説大衆受持読誦、解説其義亦如是。

千百億世界、蓮華蔵世界、微塵世界一切仏心蔵地蔵戒蔵無量行願蔵因果仏性常住蔵如如一切仏説無量一切法蔵竟、千百億世界中、一切衆生受持、歓喜奉行。若広開心地相相、如「仏華光王品」中説。

明人忍慧強、能持如是法、
未成仏道間、安獲五種利。(1)

の聴衆のために〔この教えを〕受け守り読誦し、その意味を解説することもまた同様であった。

（1）「十無尽戒蔵品」および「心地品」と同じ意味。

千百億世界と〔根本の〕蓮華蔵世界、そして無数世界の一切仏の心蔵・地蔵・戒蔵・無量行願蔵・因果仏性常住蔵・如如一切仏の説く無量一切法蔵が完了し、千百億世界にいる一切の生きものがそれを受け守り、喜びをもって修行に勤しんだ。心地の一々の詳しい特徴の説明は〔本経の〕「仏華光王品」(1)に説く通りである。

（1）「仏華光王品」は本経大本の一章。詳細不明。

【末偈】

聡き者は忍耐と智慧が強く、この教えを心に守って、仏の悟りを完成するまで五種の功徳を身につける。

一者十方仏、愍念常守護。
二者命終時、正見心歓喜。
三者生生処、為浄菩薩友。
四者功徳聚、戒度悉成就。
五者今後世、性戒福慧満。
此是仏行処、智者善思量。
計我著相者、不能信是法。
滅尽取証者、亦非下種処。
欲長菩提苗、光明照世間。
応当静観察。諸法真実相。
不生亦不滅、不常復不断、
不一又不異、不来亦不去[2]。
如是一心中、方便勤荘厳、
菩薩所応作、応当次第学。
於学於無学、勿生分別想。
是名第一道、亦名摩訶衍。

一、十方諸仏が憐愍をかけて常に守護してくれる。
二、命果てる時、正見を得て心に喜びを感ずる。
三、転生する度にそこで清らかな菩薩の友となる。
四、功徳の集まり[1]として、戒の完成[2]は皆実現する。
五、今世以後、性戒[3]と福徳の智慧に満ち溢れる。
これは仏の領域であると、智者はよく思念せよ。

自我[4]を妄想し見かけの姿に拘るならば、仏法を信じるなどできはせぬ。滅尽定《めつじんじょう》[5]の実体験も種子を植えるべき地ではない。

菩提の苗を育て上げ、輝く光で世間を観照したいなら、諸存在の真実ありのままを静かに観察すべし。

不生にして不滅[6]、不常にして不断、不一かつ不異、不去かつ不来、〔これが存在の真相である〕。

かくして一心の中に手段を講じて謹んで〔心を〕相応に飾り、菩薩にふさわしい所作を順に学修すべし。

学《がく》にも無学《むがく》[7]にも思い計らう心を起こしてはならぬ。これを最上行道と言い、大乗《マハーヤーナ》と呼ぶ。

一切戯論悪、悉従是処滅。
諸仏薩婆若、悉由是処出。
是故諸仏子、宜発大勇猛、
於諸仏浄戒、護持如明珠。
過去諸菩薩、已於是中学、
未来者当学、現在者今学。
此是仏行処、聖主所称歎。
我已随順説、福徳無量聚、
廻以施衆生、共向一切智。
願聞是法者、疾得成仏道。

（1）曇無讖訳『菩薩地持経』巻五「菩薩依此戒已、満足尸波羅蜜、得阿耨多羅三藐三菩提、乃至未成無上正覚、得五種福利。一者、常為一切諸仏護念。二者、終時其心歓喜。

すべては言葉の悪しき虚構は、皆ここから消失し、一切を知る諸仏もここから現れ出る。

故に諸仏子よ、大勇猛心を起こし、清らかな仏戒を護り続けるがよい。輝ける宝石のように。

過去の諸菩薩はこの〔戒法の〕中で学んだ。未来〔の菩薩〕も学ぶであろう。現在〔の菩薩〕も今学んでいる。

これは仏の領域、聖主（＝仏）の讃えることである。我が[8]〔仏に〕従って説いた、計り知れぬ福徳を、今や転じて生きものたちに施し、皆で一切智の仏を目指そう。願わくはこの教えの聴者が疾く仏道を成就せんことを。

（1）原語「功徳聚」は『菩薩地持経』に基づく。後者のサンスクリット原語は aparimāṇaḥ puṇya-skandha（無量の、福徳の集まり）である。
（2）原語「戒度」は「戒波羅蜜」と同義。
（3）「性戒」は『菩薩地持経』に基づく。そのサンスクリット原語は prakṛti-śīla（本性としての〔根本的な〕戒）である。

三者、捨身在所生処、常与戒諸菩薩衆、為善知識。四者、無量功徳聚、戒度成就。五者、今世後世、性戒成就」（三〇・九一八上。望月一九四六・四六九、大野一九五四・二七八）。

（2）鳩摩羅什訳『中論』「不生亦不滅、不常亦不断、不一亦不異、不来亦不出。能説是因縁、善滅諸戯論、我稽首礼仏、諸説中第一」（三〇・一中。大野一九五四・二七八）。

（4）「自我」（原文「我」）はアートマンすなわちインド伝統宗教の認める恒常不変の人格主体。仏教はこれを否定し、無我の立場をとる。

（5）原語の「滅尽」は仏教用語の「滅尽定」。アビダルマ仏教において滅尽定は、心のはたらきをすべて完全に止滅し尽くした精神集中を指し、確かに修行の高い境地ではあるが、悟りに程遠く、似て非なる精神状態である。

（6）「不生亦不滅」以下の四句は鳩摩羅什訳『中論』冒頭の偈を転用する。

（7）「学」はまだ学修すべき事柄を残している修行者、またその修行段階のこと。「無学」はもはや学ぶべき事柄のない修行者で阿羅漢のこと。またその境地。

（8）ここに言う「我」は直前の「聖主」すなわち仏と別の者である。諸注釈はこの「我」を、本経の漢訳者である鳩摩羅什のことであると解説し、【末偈】の全体を『梵網経』の本文でなく、訳出した時に訳者の鳩摩羅什が補足した偈と解釈する。それを述べる典型として次の二注釈がある。北宋の慧因『梵網経菩薩戒注』（成書一〇九六年）巻下「「聖主所称歎」。「聖」謂大聖。三界独尊、故称為「主」。今此「聖主」常讃是戒。「我已随順説」、即是羅什順世

称、「我」、「随順」仏意、讃「説」宣行」（続蔵一・六〇・三・二九八表上）。与咸（一一六三年卒）『梵網菩薩戒経疏註』巻下之二「上句有「聖主所称歎」、不応仏自称也。蓋是什師誦訳時作此偈、以為歎戒。而言「我」者、什師自謂也。此戒既是「聖主」之「所称歎」、「我」今依仏半月半月常説是戒、云「随順説」、即順聖主世尊之所説也」（続蔵一・五九・四・三三二表上）。

『梵網経』「〔菩薩の〕心の基盤」章を終わる

コラム2

中国の北魏が国家的に強行した廃仏毀釈を批判する『梵網経』

本経軽罪第四十七と軽罪第四十八は一連の内容です。そこでは国家が仏教活動や僧侶の行動を強制的に規制してはならないと説かれています。これら二軽罪には二つの素材があることが既に指摘され、現在の多くの研究者もそれを認めています。

二つの素材の一つは、『仁王般若波羅蜜経《にんのうはんにゃはらみつきょう》』という漢語経典です。この経典は、伝統的には鳩摩羅什《くまらじゅう》（約三五〇～四〇九年頃）が漢訳したとされますが、現在の研究では、約四五二～四七二年の間頃に中国で編纂した偽経と見る説が最も有力です。もう一つの素材は、中国の史書『魏書《ぎしょ》』（北魏と東魏の歴史書。東魏の魏収《ぎしゅう》撰）に含まれる「釈老志《しゃくろうし》」（仏教と道教の記録）という章です。まず『梵網経』の二軽罪を再確認します。

【軽罪第四十七】 もし仏子〔である汝〕が皆、信心から仏戒を受戒する者として、国王であれ、太子であれ、諸官僚であれ、四部の仏弟子（男性出家者・女性出家者・男性在家者・女性在家者）であれ、〔彼らが〕自ら高貴さを笠に着て、仏の教えや戒律を壊し、〔仏教徒を自ら〕規制する法をはっきりと作り、我が四部の弟子たちの活動を制約し、出家して修行することを許可せず、更にまた〔仏や菩薩の〕像・仏塔・経や律を作ることをも許可しないなら、三宝を破壊する罪である。しかるに故意に仏法を破壊するならば、軽垢罪に当たる。

【軽罪第四十八】　もし仏子〔である汝ら〕が素晴らしい心懸けで出家したのに、名声と利欲を貪るために、国王や諸官僚の前で仏戒を説くなら、比丘・比丘尼・菩薩の弟子に不正に束縛をかけることになる。そのさまはライオンの体内の虫が自らライオンを食らうのと同じである。異教徒や天の魔物が〔外から破滅するの〕ではない。もし仏戒を受けたら、あたかも一人息子に思いをかけるように、そして父母に仕えるように仏戒を庇護すべし。しかるに異教徒や悪人が悪い言葉で仏戒を誹謗するのを耳にした時は、あたかも三百本の鉾が心臓を突き刺すのと同じであり、千の刀剣・万の棍棒がわが身を殴打するのと同じであると〔思え〕。〔菩薩の悲痛はこれと〕何ら違いがない。たとい自ら地獄に入り、それが百カルパの長きに及ぶとも、一度たりとも悪い言葉で仏戒を破滅させようとする人の声を聞いてはならぬ。まして自ら仏戒を破壊し、人に破壊の方策を教えるなら尚更であり、やはりそこに〔仏戒への〕素直で従順な心は存在しない。もし故意に〔仏戒を誹謗する〕ならば、軽垢罪に当たる。

この二節は、左に掲げる偽経『仁王般若経』巻下「受持品」（和訳）の文言及び内容と極めて深く関わります。両経にはほとんど同じ文言（傍点部）があります。

仏は波斯匿《はしのく》王（プラセーナジット王）に告げた、「我は汝らに命ずる。私が涅槃した後の八十年、八百年、または八千年に、仏も教えも教団も男性信者も女性信者もいなくなる時に、この『〔仁王般若波羅蜜〕経』

と三宝は国王や四種の弟子たちに委ねられ、彼らが〔経典を〕受け保ち、その意味を理解するようになる。迷いの三領域〔欲界・色界・無色界〕にいる衆生のために空なる智慧の教えを開示し、七種の賢者の行いと十種の善行を修め、一切の衆生を教化するであろう。〔しかし〕その後、五つの汚れた世界の比丘・比丘尼・四種の弟子・神々や龍という八部の守護者たち・一切の神々の王・国王・大臣・太子・王の息子たちは、自ら高貴さを笠に着て、我が教えを壊し、〔仏教徒を自ら〕規制する法をはっきりと作り、我が四部の弟子たち、比丘・比丘尼をの活動を制約し、出家して修行することを許可せず、更に〔仏や菩薩の〕像・仏塔・経や律を作ることをも許可せず、我が四部の弟子たちの活動を制約し、〔出家者の〕戸籍（すなわち僧籍）を打ち立て僧名を記載するようになるであろう。比丘は地に立ち、白衣が高いところに坐る〔という逆転が起こる〕であろう。兵隊や奴隷が比丘となり、特別な食事接待を受けるようになるであろう。修行仲間の比丘たちは共に心を一つにして善行の比丘に親しみ、〔身心を清らかにして修行する〕斎会を行い福徳を求めようとする。そのさまは非仏教徒と同じである。〔このようになれば〕すべて我が教えではない。よく知れ、そうなった時には、正しい仏法は滅びるまで幾ばくもないということを。

「〔波斯匿〕大王よ、我が教えを破壊混乱させることは汝ら〔後の国王たちが〕行い、自ら高貴さを笠に着て、我が四種の弟子たちを縛り付け、万民は病にかかり、皆が苦しむ。それは国家を破壊する原因である。五つの汚れた罪過をどれ程説いても十分ではない。

「〔波斯匿〕大王よ、仏法の末世が訪れる時、比丘・四種の弟子たち・国王・大臣は、多くの仏法に外れた行いを行い、仏と教えと教団に対して大いなる非法を不正に行い、諸の罪過や教えに外れたことや律に外れたことを行い、比丘たちを縛り付ける。それは牢獄にいる囚人に対するやり方と同じである。そうなった時には、仏法は滅びるまで幾ばくもない。

「〔波斯匿〕大王よ、私が涅槃した後の将来、四種の弟子たち・諸の小国の王・太子・王子から、果ては三宝を守護す〔べき〕者に至るすべての者たちが皆、三宝を次々に破滅させるであろう。そのさまはライオンの体内の虫がライオンの体を食らうのと同じである。非仏教徒の行いではない。大勢が仏の教えを破壊し、大きな罪を得る。正しい仏法は衰弱し、正しい行いをする人民はいなくなり、徐々に悪化してゆく。人々の寿命は日ごとに縮み、百歳となる。人々は仏の教えを破壊し、〔仏法に忠実に〕随順する者はいなくなる。六親は不仲となり、天の神々も助けてくれない。悪病や悪鬼が日ごとに侵害してくる。いつも災害だらけで、どこも禍いだらけ。死ねば地獄・餓鬼・畜生〔の三悪道〕に堕ちる。もしそこから出て人に生まれ変わっても、兵隊や奴隷になるという報いしか待ち受けていない。こだまが声に応ずるように、人が夜中〔の暗闇〕で読書するように、燈火が消えれば文字があっても〔読むことができない〕。迷いの三領域の報いもそれと同じである。

「〔波斯匿〕大王よ、未来の世に、一切の国王・太子・王子・我が四種の弟子たちは、不正に仏弟子の身内となり、記録を文字に残し、規則を制度化するであろう。それは俗人の規則と同じであり、兵隊や奴隷の規則と同じである。もし我が弟子である比丘・比丘尼が〔僧を規制する〕戸籍を定めれば、官僚に使われるようになる。そうなれば、彼らは我が弟子ではない。兵隊や奴隷の規則である。〔教団を統制する出家〕官僚を制定し、教団の典籍を掌握し、僧籍を司り、大僧統や小僧統によって〔出家者が出家者を〕統制し縛り上げる。それは獄卒の囚人の規則や兵隊や奴隷の規則と同じである。そうなった時には、仏法は滅びるまで幾ばくもない。

「〔波斯匿〕大王よ、将来の世に、諸の小国の王や我が四種の弟子たちが自らこの罪過や国家を壊す原因を作り、身をもってそれを受けるならば、〔もはやそれは〕仏・教え・教団〔という三宝に適った行い〕ではない。

「〔波斯匿〕大王よ、将来の世に、この『〔仁王般若波羅蜜〕経』を弘めれば、〔それを行う者は〕七仏の教えに適う器であり、十方諸仏が常に実践することである。諸の悪比丘たちは多く名声と利欲を求め、国王・太子・王子の前で自ら仏の教えを壊す原因や国を壊す原因を説いても、その国王はその言葉を信じぜず、不正に束縛をかけ、仏の戒に依拠しない。それは仏を壊し国を壊す原因である。そうなった時には、仏法は滅びるまで幾ばくもない」。

その時、十六大国王たちは仏の七戒によって説かれた未来の様子を聞き、悲しみ涙を流し、悲しみの声は三千大千世界・日・月・五星を震動させ、二十八星宿は光を失い消えてなくなった。

その時、国王たちはそれぞれ心から仏の言葉を受け守り、四種の弟子たちが出家して修行するのを規制しなくなったさまは、仏の教えた通りとなるに違いない。（八・八三三中～下）

次に、もう一つの『魏書』巻一一一「釈老志」に見られる対応文を紹介します。

【釈老志1】延興《えんこう》二年（四七二）夏四月、詔《みことのり》して曰く、比丘が寺舎に在住せずして村落に遊渉し、姦猾《わるもの》と交通し、年歳を経歴しているものがある。民間の五家を一組とした自警組織をして、相い警戒して、〔このような僧を〕容止することを得ざらしめよ。無籍の僧は精しくとりしらべよ。〔無籍の僧が〕有れば州・鎮の官庁に送付せよ。……（塚本一九九〇／二〇〇八・二三〇頁、波線は引用者）。

延興二年（四七二）夏四月、詔曰、「比丘不在寺舎、遊渉村落、交通姦猾、経歴年歳。令民間五五相保、不得容止。無籍之僧、精加隠括、有者送付州鎮、其在畿郡、送付本曹。……

ここから四七二年より前に北魏に僧侶の古籍（僧籍）と僧籍をもたない「潜りの僧」とがいたことが分かります。僧籍の存在は右掲の偽経『仁王般若経』波線部に確かめられるので、『仁王般若経』は北魏の実態を知る者による編纂であると推定できます。

【釈老志2】太和十年（四八六）冬、有司が又奏上した。前に下された勅に、民の戸籍をつけしめた当初に愚民が僥倖をたのんで、いつわって仏道に入ると称して、輸課を避けたものがある。およそ無籍の僧尼はやめて還俗せしめよと。また重ねての勅旨に、しらべる所の僧尼は〔各寺の〕寺主や維那がその寺についてよくしらべ上げよ。

およそ道によくかなった修行につとめている者は、引きつづいて僧にあって修行をすることをゆるす。およそ道行の粗なる（僧たる価値のない）ものは、籍のあるものもないものも、悉くやめて民にかえらせよと。……」（塚本一九九〇／二〇〇八・二三六～二三七頁、波線は引用者）。

> 〔太和〕十年（四八六）冬、有司又奏、「前被勅以勒籍之初、愚民僥倖、仮称入道、以避輸課、其無籍僧尼罷遣還俗。重被旨、所検僧尼、寺主、維那当寺隠審。其有道行精勤者、聴仍在道。為行凡粗者、有籍無籍、悉罷帰斉民。……

この箇所からも、北魏政府が僧籍を設け、僧を管理し納税させていたことが分かります。このようにもう一つ、右の一節から分かるように、『魏書』釈老志と『仁王般若波羅蜜経』に「僧籍」という語が現れ、それが国家による教団統制の仕組みであることにも注目すべきです。つまり『魏書』釈老志と『仁王般若波羅蜜経』には実際に北魏で行われた仏教弾圧と、それを言い表す「僧籍」という術語を共有しています。一方、『仁王般若波羅蜜経』の言葉遣いと内容は『梵網経』第四十七軽罪と第四十八軽罪と共通しますから、『梵網経』末尾の二軽罪は北魏政府の仏教対策を実際に反映して、国家の仏教規制を批判する内容であると分かります。

上に釈老志から二節を引用紹介しましたが、それはいずれも北魏の太武帝（在位四二三～四五二年）によって廃仏毀釈が断行され、その後すぐに即位した、文成帝（在位四五二～四六五年）・献文帝（在位四六五～四七一年）・孝文帝（在位四七一～四九九）の時代の仏教復興の中で「僧籍」が北魏の仏教に実際に存在したことを示しています。僧籍が一体いつ生まれたか、『魏書』から年代を特定することはできません。しかし四七二年には僧籍を有する僧と有さない僧を区別する命令が出ているわけですから、僧籍が四七二年以前に実在したことは間違いありません。

このようにして国家政策を検討項目に入れて『仁王般若波羅蜜経』と『梵網経』という二つの偽経の編纂時期を推定すると、細かな論証は割愛しますが、結果として、『仁王般若波羅蜜経』は約四五二〜四七二年の間頃に、そして『梵網経』はそれと同時か、やや遅れて約四五二〜四八二年の間頃に作られたとみて大過あるまいと言えます。

第三章　社会を共に生きる

第一章で説明したように、『梵網経』下巻の様々な教えのうち、最大のメッセージは菩薩が日々守るべき「十重四十八軽戒」です。それは確かですが、その一方で、言葉を尽くし長く説明した箇所はないけれども、『梵網経』下巻の底に流れる教えの基盤が、十重四十八軽戒とは別に、五つあります。いずれも大乗仏教の要です。本章はそれについて解説します。

本経の底に流れる教えの第一は、社会をないがしろにせず重んじる目配りです。これは伝統的な仏教語「利他行《りたぎょう》」の重要な一面です。菩薩は、この世に共存する無数の他者を迷いから救う為に、何度生まれ変わっても、相応しい振る舞いを心懸けます。

第二に、社会を生きる者に上下の格差を付けず、皆平等と見ます。菩薩は相手の社会的身分が高いからと諂《へつら》わず、低いからと見くびりません。この平等観は動物にも向けられます。

第三に、もし誤った行為を受けたとしても、復讐をしません。どんな場合であっても報復を認めません。かけがえなき父母や子が殺されても、加害者に報復してはならぬと説きます。

第四に、社会全体を改善向上させる為に、他者に慈悲を注ぎ、食生活にも配慮します。特に「五辛」という五種の野菜を決して口にせず菜食するのは本経の特徴です。

第五に、右の四項目を行いつつ、十重四十八軽戒を個別に守ることで、菩薩として生きます。

第一節　社会の皆を思い遣る

一、社会性の尊重

梵網十重四十八軽戒に通底する物の見方として、まず最初に指摘したいのは、他者を思い遣り、他者の為に生きようとする自覚です。他者を思い遣るとは、よく知られた仏教語で言い換えると「利他行《りたぎょう》（他者を益《えき》する行為）」です。「他者の為になる行い」と言っても同じです。こう言うと、「利他行ですか、分かりました。経典のどこにでもある、いつもの教えですね」、「ありきたりの大乗そのままではないですか」と見くびるかのような声が聞こえてきそうです。しかし当たり前の教えで何か悪いのか、当たり前ならあなたは既に完璧に実践していますかと、逆に問いたいのです。我々は利他行が何か分かっているか、他を利することなく、あべこべに他を害する行い、他者への迷惑行為、他人に嫌がれるようなことばかりしているということはありませんか。

徹底した利他行は、菩薩として日々を生き続けるべしという本経の趣旨そのものです。インドで大乗が起こる以前から存在した部派仏教（いわゆる「小乗」）は、専ら自らを高めることを修行目的とし、最終的に阿羅漢（皆から尊敬され、施しを受ける修行者）の境地に達することを目指しました。そこには他者を助けるという視点はありませんでした（本書第一章第一節7頁）。これに対して大乗では、仏より一段低い阿羅漢を目指すのでなく、この世の生きものすべてが迷いや束縛から解き放たれることを目指します。菩薩《ぼさつ》——仏となることを目指す勇者——として、他者を救いながら同時に自らの境地を高める修行も行うことに努めます（本書7頁）。独りよがりのエゴイストは大乗仏教に必要ありません。現実社会の中で社会の一員としてどう生きるか、私は社会のどの位置にいて、何ができるか、それを自らに問い、社会の全員の向上を追い求めます。

二、酒の是非

飲酒をめぐる典型的箇所として『梵網経』の条文を二つ紹介しましょう。

【軽罪第二】仏子〔である汝〕が故意に酒を飲み、そして酒の過失を生むと、〔その害は〕計り知れない。もし自ら手で酒器を人に手渡して酒を飲ませるなら、五百回生まれ変わる間、ずっと手をもたぬ者に生まれる。ましてや自分で飲むなら尚更である。どんな人にも、どんな生きものにも、酒を飲ませてはならぬ。ましてや自ら飲酒するなら尚更である。もし故意《わざ》と自ら飲酒し、人に飲ませるならば、軽垢罪に当たる。（第二章89頁）

これは「不飲酒戒《ふおんじゅかい》——飲酒の禁止」という決まりで、在家の五戒でも出家教団の生活規則を説く『律』〔ヴィナヤ vinaya 禁戒〕でも明文化されています。仏教の初めの一歩です。酒には三十五ないし三十六の誤ちがあると説く仏典もあります〔第四章第一節213頁〕。『梵網経』も飲酒を禁じます。しかしここで不飲酒を「軽罪」としていることを見逃さず、注意してください。飲酒は認められないけれども、あくまで軽罪です。本経は、もう一つ別のところで、酒の「重罪」を定めており、それは飲酒ではありません。では飲酒よりも重い罪とは何か、それを説く【重罪第五】を見ましょう。

【重罪第五】もしも仏子《ぶっし》〔である汝〕が自ら酒を売り(1)、他人に酒を売るよう唆《そそのか》すなら、酒を売る直接的原因と、酒を売るという行為と、酒を売る方法と、酒を売る間接的原因とが〔成り立つ〕。一切の酒は、売ってはならぬ。およそ酒というものは、罪を生む直接間接の原因である。しかるに菩薩は、一切の生きものに物事を達観する智慧を生み出させるべきなのに、ところが逆に、生きものに事実と逆の心を起こさせるなら、菩薩の重罪である。〔第二章79〜80頁〕

(1)「酒を売る」の原語は「酤酒《こしゅ》」。漢字「酤」の原義は「売り買い・取引き」であるが、『梵網経』は「酤酒」を酒を買うではなく、酒を売るの意で用いる。この用例は〔北涼〕曇無讖訳『優婆塞戒経』巻三の「不得沽酒《こしゅ》」に基づく。

ここで定めている決まりは、自らが一人で飲酒することの善悪よりも、在家仏教徒が酒屋を営み、酒を他に売ることによって、酒と社会の繋がりを認め、強める方が、比較にならぬ程、遥かに重罪であるということです。

三、酒の販売の社会的悪

飲酒するかどうかは個人の問題です。飲酒の罪は悪業として自らに跳ね返ってきます。勿論それは悪い行いであるから罪ですが、しかしそれでも、飲酒など所詮は軽罪に過ぎないと『梵網経』は説きます。自ら悪を行い、その報いを自らが受けるということを、仏教語で「自業自得《じごうじとく》」と言います。また、「善因楽果《ぜんいんらくか》、悪因苦果《あくいんくか》」――善い行いは安楽という果報をもたらし、悪い行いは苦痛という果報をもたらす――とも言いますが、飲酒という「悪因」の「苦果」を承けるのは、飲酒した当人だけです。飲酒の因果応報は専ら自己の範囲に収まるのです。それに対して、もし他人に酒を売るなら、他人を「悪因苦果」に向かうよう強制的に仕向けることになりますから、私の「悪因」が社会の無数の人々に「苦果」を与えることになります。これは悪の拡散です。自ら飲酒する罪は、因果応報が自らに返ってくるだけですが、他者に酒を売るよう唆すことは自らだけでなく、世の中の不特定多数の夥しい数の人々を悪に巻き込みます。このように酒一つに限っても、社会性に思いを致すならば、飲酒より、酒を売って人に飲ませる方が、遥かに罪は重いと本経は説き、飲酒を軽罪、売酒を重罪と定めるのです。

現代の卑近な例を挙げると、こうも言えるでしょう——もし誰かが車を飲酒運転して事故を起こし人を殺《あや》めたとします。その場合、飲酒運転した本人に罪があるのは勿論ですが、もし飲酒をすすめた人がいるなら、その人にも罪があります。それを定めているのが上述【軽罪第二】です。しかし更に重い罪を犯したのは飲酒運転した本人でなく、その者に酒を販売した業者であります。それを定めているのが【重罪第五】です。

仏教では、自らの利益となる行いをすることを「自利（自らを利《り》す）」と言い、他の利益となる行いをすることを「利他（他を利す）」と言います。同じことを悪行について言えば「自害——自らを害す」と「害他——他を害す」の違いです。自ら飲酒するのは「自害」であり、他の者たちを飲酒に巻き込むのは「害他」です。

ここで一つ補足しておきたいのですが、右に引用した【軽罪第二】には自ら飲酒するだけでなく、「自ら手で酒器を人に手渡して酒を飲ませる」ことも軽罪に含める一方で、【重罪第五】は酒を他人に販売することを重罪としています。どちらも他者が絡むのに、一方は軽罪、他方は重罪である理由はどこにあるでしょうか。それは恐らく、【軽罪第二】で意図する他人は、自らの面前にいる個人であるのに対して、【重罪第五】で意図する他人は、単なる一個人でなく、販売した酒を飲む人々に直接会うことすらないような、不特定多数が絡むという違いでしょう。つまり対面する限られた他者と社会全体の不特定多数の他者の違いが、罪の軽重を区別する基準となっています。この意味でも、売酒を禁ずる**【重罪第五】**には「社会性」という視点が濃厚です。

酒の販売を重罪とすることは、他者を害することは重篤な社会悪であると言うに等しいです。『梵網経』は利他を社会的な善行とし、その反対の害他を社会的な悪行と見なすのです。これを裏返して言うと、他を害することなく益を与える行為すなわち「利他行」は、社会性の配慮に根ざす善行です。本経の「利他行」は「社会性の配慮」と言い換えても、現代化し過ぎた解釈の行き過ぎではないと、わたくしは思います。

四、社会性の更なる可能性

参考までに言い添えるなら、「コレコレすべからず」と禁戒の形で示す仏教の決まりは、ほとんどの場合、当時実際に起こったことや起こるに違いない事態を想定した決まりです。当時、酒が確かに存在したからこそ、飲酒を禁ずる決まりが作られたわけです。ところでインドの出家者集団の共同生活規則『律』(ヴィナヤ)で禁ずるのは、サンスクリット語で「スラー surā 酒」「マーイレーヤ maireya 酒」「マディヤ madya 酒」と呼ばれる具体的で個別的な酒の名称であり、抽象的に酒一般を禁じているのではありません(平川一九九四・五四二頁。船山二〇二〇・二九頁)。『律』の文面上はスラー酒、マーイレーヤ酒、マディヤ酒を禁ずるのみであり、日本酒・紹興酒・ワイン・ウィスキー・ウォッカ・ビール等のインド以外の地方の酒や現代の酒を禁ずるわけではありません。それにもかかわらず、スラー酒等インド地域限定型の酒を産出しない東アジアの人々は、これらの酒の禁止を、酒類全般の禁止と読み替えて「不飲酒戒」の意味を歴史的に解釈し運用してきました。茅《マオ》台《タイ》酒や紹興酒を禁ずる明文は律にないから飲んでよいとは解しませんでした。どこの酒にもインドの酒と共通の害があるからです。

さて将来、もし仮に、こうした過去の実態に鑑みて『梵網経』の意図を重んずる拡大解釈を敢えてするなら、『梵網経』【重罪第五】と【軽罪第二】を、本経成立当時の酒に限定せず、更には、酒に限定することすら止めて、麻薬・覚醒剤などの薬物《ドラッグ》全般に摘要可能かどうかを真剣に検討してみるのも有意義ではないでしょうか。

五、世俗を越える社会性

次に、誤った教えを社会に広めて世間を混乱させることを戒める条文を紹介します。

【軽罪第三十】もし仏子〔である汝〕が悪心から、自分で三宝を誹謗しながらも、自らは三宝に親しんでいると偽り、口では〔一切法は〕空なりと説きながら行いは〔空とは真逆の〕有にどっぷり浸り、在家者たちのためにとりまとめて男女交歓の場を設け、色欲に執着させ、月の六斎日と年の長斎月に殺生や劫奪を働き、斎会《さいえ》〔の清らかさ〕をぶち壊して戒に違犯するならば、軽垢罪に当たる。

（第二章119～120頁）

【軽罪第十九】もし仏子〔である汝〕が悪心から、戒を守って修行する比丘が手に香炉をもって菩薩行を行っているのに、意見を戦わせ、私は賢人であると偽り、悪の限りを尽くすならば、軽垢罪に当たる。

（第二章104頁）

ここに我々は、真の仏教と偽の仏教とを区別せず他者に混乱を与えることで社会を悪化させてはならぬという自戒の念を読み取ることができるのではないでしょうか。

『梵網経』下巻の社会観を示す条文は、以上のものだけではありません。ほかにも、他者の所有物を火で燃やしてはならぬことを説く【軽罪第十四】や、目先の利益のために世俗の占いや呪術をしたり毒を調合して生きものを殺したりすることを禁ずる【軽罪第二十九】もありますし、更にその他の事柄への目配りも相当になされています。

一般的に言えば、大乗仏教は自利と利他を共に行うことを教えとして掲げますが、『梵網経』は自利を重んずる余りに利他を軽視してはならぬと強調します。世俗的な意味での身勝手な自己利益などさっさと捨ててしまい、もっと高い次元で利他行とは何かをよく考え、そして自らの体でそれをしてみせよと、我々を導きます。

『梵網経』は菩薩が為すべき日々の行いという点で社会と繋がります。菩薩の思想は在家として社会を生きる菩薩の価値を重視しますから、本経の特徴である社会性、社会全体に気を配る目線は大乗経典ならではの特徴であると言ってよいでしょう。出家主義に立つ部派仏教（いわゆる「小乗」）では本経程に社会を重視する物の見方は現れなかったかも知れません。

本経は出家主義でなく、出家も在家も等しいことを菩薩という修行者像に託して説きます。したがって本経の説く教説は、社会に背を向けた、現実社会と相容れないような活動ではなく、思想や宗教の基盤を保持しつつ社会性とも折り合いを付けて生きる在家者の姿と直接結び付いています。そこに大乗の面目が現れています。本経は、世俗で一般に受け入れる価値観を否定するものではないけれども、世俗に縛られない、より高い視点から説かれていると言うことができるのではないでしょうか。

第二節　生きものに優劣なし

一、生きものは平等である

『梵網経』の底に流れる根本の考え方は更にあります。第二の、命ある生きものに対する徹底した平等観がそれです。人間を平等に扱うだけでなく、神々も悪鬼も動物もすべて含めて一切を平等と見なします。

人間を平等とする見方は、インドの初期仏教から存在し、カースト制度（ヴァルナ制）と呼ばれる、生まれながらの身分を、釈尊は否定しました。インドにはブラーフマナ（「婆羅門」はその漢字音写、インド伝統社会の宗教者階級）・クシャトリヤ（政治や国家を治める階級）・ヴァイシュヤ（商業や農業を営む庶民階級）・シュードラ（下層の隷属民）と四階級があり、それぞれ職業も定まっていました。そうした生まれながらの固定的な身分制度を釈尊は否定し、伝統的階級社会を否定しました。

インド初期仏教を代表する教えに『ダンマ・パダ（法句経、真理の言葉）』およびそれと共通する文言の多い『ウダーナ・ヴァルガ *Udāna-varga*（感興の言葉）』があります。両書とも、最終章の主題は「ブラーフマナ（婆羅門）」です。インドの伝統的階級社会で認める意味で「ブラーフマナ」を用いるのでなく、本当に「ブラーフマナ」と呼ぶべき人は別の姿を取ることを、『ウダーナ・ヴァルガ』最終章の一節はこう説きます。

螺髪《らほつ》を結っているからバラモンなのではない。氏姓によってバラモンなのではない。生れによってバラモンなのではない、と伝えられている。真実と理法とをまもる人は、清らかである。かれこそ（真の）バラモンなのである。

（中村一九七八・二九五頁）

二、受戒資格者

『梵網経』は人間のみならず、人間と他の生物の優劣をも認めず、生きものすべてを生まれによって差別してはならぬと説きます。これも本経の平等観の一つです。それを示す原文の現代語訳を示します。初めに、国王や役人が権力を有するからといって、彼らに媚び諂ってはならぬことを『梵網経』は次のように説きます。

【軽罪第十七】もし仏子〔である汝〕が自ら飲食・物品・利欲を貪り名誉を得るために、国王・王子・大臣・諸官僚と懇ろになり、政界の権力を笠に着て食を求め、人を殴り、引きずり回し、財産を横取りし、〔このようにして〕あらゆるやり方で利欲を追求するなら、悪しき欲望者・欲望過多の者と呼ばれるようになる。（第二章103頁）

世俗的な優劣は絶対的でありません、これが世俗的権威に対する本経の基本姿勢です。世俗を超えた「方外《ほうがい》」の（果てしなく広い）教えを説く仏教徒が世俗権力に振り回され、媚び諂ったりしてはいけませんが、それは、世俗権力者を差別し冷遇してもよいことにはなりません。本経は生まれによる生きものの格差を認めず、世俗の身分にかかわらず、何物にも同じ距離を保ち、平等に振る舞うべきことをこう説きます。

【梵網戒を受戒できる条件】仏子《ぶっし》〔である汝〕よ、しかと聴け、仏戒を受けるなら国王でも王子でも、官僚でも宰相でも、比丘でも比丘尼でも、十八天の清らかな神々でも、欲界六天の神々でも、庶民でも去勢者でも、色を売る〔在家の〕男や女でも、男奴隷や女奴隷でも、仏法を護る天龍八種衆でも、鬼神でも金剛神でも、動物でも、果ては人に身を変じた仏や菩薩でも〔身分を問わず〕、戒師の言葉をきちんと理解さえできれば、誰でも戒を受けてそれを身に付けることができ、「この上なく清らかな者」と呼ばれるようになる。（第二章74〜75頁）

菩薩戒を授ける時、身分によって授けるべき相手を身勝手に選んではいけません。生まれも年齢も性別も関係なく、真剣に希望する者は誰でも菩薩戒を受けられます。

右の引用をもう一度読み返してください。誰に対しても、同じ距離を保ち、平等に振る舞うべきことを説き示す中で、「売色（売春）する男や女」を教えを説く相手に含めています。普通、仏教では教えを説く相手を「善男善女」（良家の息子や娘を意味するサンスクリット語の翻訳）と言います。しかし本経は、その逆の「売色する男や女」も梵網戒を受ける資格があると言うのです。社会の上層部や成功者だけに向けた教えではないのです。社会的低層や弱者をも捨て置くことなく、社会の全員が少しでも善くなれるように努力すべしというメッセージが本経には込められています。

三、「七逆罪」――受戒を許さない唯一の条件

本経は菩薩戒の受戒を希望する人に寛大ですが、受戒できる人とできない人を何も区別せず、やみくもに戒を授けたのではありません。本経は【軽罪第四十】において、どうしても受戒を認めるべきでない条件として「七逆罪《しちぎゃく》」、またの名を「七遮罪《しちしゃざい》」という規定があると明記しています。軽罪第四十条はまず、誰でも受戒は可能であると説きます。

【軽罪第四十】仏は言った。仏子〔である汝〕は、誰かに戒を授ける時、〔その受戒者が〕国王か、王子か、大臣か、諸官僚か、比丘か、比丘尼か、〔在家の〕信心ある男や女か、色を売る〔在家の〕男や女か、十八種の天の神々か、中性者か、両性具有者か、去勢者か、男奴隷か女奴隷か、様々な悪鬼や神々かを選別してはならぬ。誰でも受戒できるのである。

（第二章137頁）

しかし、同条文の後半では、受戒できない唯一の例外があると言います。

【軽罪第四十後半】もし誰かが受戒を希望するならその時は、こう訊ねよ、「今のこの身で七逆罪を犯してはいないか」。菩薩法師は、七逆罪〔を犯した〕者に、現今の身のまま、戒を授け

てはならぬ。
七逆とは、
（一）仏身〔に害を与え〕出血させる、
（二）父を殺す、
（三）母を〔殺す〕、
（四）自らの直接の師を殺す、
（五）他の諸々の師僧を殺す、
（六）教団内の布薩《ふさつ》儀礼を拒否して別に布薩し仏法に反する事柄を教える、
（七）聖者を殺す、
である。もし七種の障害（七遮《しちしゃ》）〔のいずれか〕に該当するなら、この身では戒を体得できない。それ以外のすべての人は、戒を受けることができる。
（第二章138頁）

「七逆罪」は「七遮罪」とも言い、大乗仏教より前から存在していた「五逆罪」を更に強めた規制です。五逆罪は右掲七逆罪（一）（二）（三）（六）（七）に当たり、それに（四）（五）を加えたのが七逆罪です。部派仏教における通常の受戒の条件「五逆罪を犯していないこと」に、更に二条件を加味した内容です。

【軽罪第四十冒頭】は、『梵網経』の菩薩戒を受けられる資格者の中に「両性具有者」(原語「二根」)、「去勢者」(原語「黄門」)、「男奴隷」(原語「奴」)、「女奴隷」(原語「婢」)を含みます。これは『律』の受戒有資格者との著しい違いです(入澤一九八九)。大乗以前から存在した伝統的な部派仏教には『律』の受戒(＝出家)を認めない条件が他にも複数あり、「両性具有者」・「去勢者」・「男奴隷」・「女奴隷」は受戒資格者から除外されるのに、本経は逆に、それらを受戒資格者に含めています。

要するに、部派仏教の出家教団の生活規則である『律』と、大乗仏教の出家菩薩・在家菩薩の生活規則である『梵網経』とを比べると、『律』より『梵網経』の方が受戒資格者の範囲が広いのです。『梵網経』の場合、受戒を許される者たちには七逆罪を犯していないことという条件を付すものの、それ以外は『律』より遥かに寛大に受戒を許可します。最も重い七逆罪以外の軽罪を犯した者を拒否せず、彼らにも受戒させ、新たな生活を始めるよう推奨するのが『梵網経』の基本姿勢です。たとい過ちを犯したことがあったとしても、七逆罪という最大の罪でない限りは大目に見るというわけです。過去の行為によって未来の可能性をシャットアウトせず、これから心を完全に入れ替えて、気持ち新たに修行する決意をはっきりと示せと激励するのが『梵網経』です。受戒資格者に「男奴隷」や「女奴隷」が含まれる理由はここにあります。

四、輪廻転生の説に基づく社会的平等観

一切の生きものは平等であることを、本経は次のようにも述べます。

【軽罪第二十】仏子〔である汝〕は慈しみの心で放生《ほうじょう》（捉えられた生物の自由解放）を行え。男はすべて我が父であり、女はすべて我が母であり、我は転生する度に彼らから生を受けてきた。したがって六道の生きものはすべて我が父であり母であるのに、それを殺して食せば、それは我が父母を殺すことであり、また我が元の身を殺すことである。（第二章104～105頁）

この簡潔な言い回しに二つの事柄がまとめて説かれています。

第一に、「放生」は生きものを解き放つという意味です。鳥獣の肉を食す為に、鳥や動物を檻に閉じ込め自由を奪ってはならぬと教えます。この根本には不殺生主義があります。福岡市の筥崎《はこざき》宮《ぐう》で毎年九月に行う放生会《ほうじょうや》を知る人は多いでしょう。また、中国や台湾、一部日本の寺院にも放《ほう》生池《じょうち》があり、多くの魚が泳いでいるのを見たことがある読者もいるかも知れません。わたくしは中国でそれを見た最初、意味をとり違え、「魚を自由に解放するなら川や湖に逃がすべきであって寺の池で飼い続けるのは放生どころか、拘束ではないか」と思ったものですが、そのような考えは誤解です。池で飼い殺しにするのでなく、好きに泳がせ食用としないからこそ放生池なのです。

この後、「一切男子ハ是レ我ガ父ナリ、一切女人ハ是レ我ガ母ナリ」という本経の有名な句が現れます。それを説明すべく、「我ハ生生ニ之レ従《よ》リ生ヲ受ケザル無シ。故ニ六道ノ衆生ハ皆是レ我ガ父母ナリ」と続きます。どういうことかというと、インドで信じられたように、始まりすら分からない太古の昔から、生きものは輪廻転生《りんねてんしょう》（生まれ変わり）を無限に繰り返し、その都度、六道の天の神々・人間・動物（哺乳類・鳥類・魚類・貝類等）・餓鬼（飢餓に苦しみ続ける生きもの）・阿修羅（戦い続ける悪鬼）・地獄の住者のいずれかに生まれ変わりました。時には動物に生まれて人間に食われることもありました。誰かと敵対する関係になったことも多いですが、同じだけ多くの回数、かつては敵だった生きものが自らの肉親に生まれ変わり、自らを育ててくれたことも間違いありません。過去だけでなく、現在も未来も同じです。現世で敵である者が過去世で自らの親だったことが――無限の生まれ変わりの中で――必ずあったし、未来に親となることも必ずあります。ならば現世の生物を「殺シテ食スル者ハ、即チ我ガ父母ヲ殺スコトナリ」ですから、「故ニ常ニ放生ヲ行エ」と教えるのです。

五、平等と序列

皆が平等でも、もしも何か序列を設けなければならないならどうすべきでしょうか。

【軽罪第三十八】仏子たる〔汝〕は、決められた通りの仕方で順に坐るべし。先に受戒した者が前に坐り、後で受戒した者が後ろに坐り、長老か若者か、比丘か比丘尼か、身分が高いかどうか、国王か、王子か、ひいては去勢者か、男奴隷か女奴隷かを問わず、皆、先に受戒した者から順に坐るのであり、異教徒や理知の足りない者のようにしてはならぬ。老いも若きも〔関係なく〕、前後の順を乱して無秩序に坐るのは兵隊や奴隷の仕方である。我が仏法の中では、先に受戒した者が前に坐り、後で受戒した者は後ろに坐る。しかるに菩薩が〔受戒の〕順に坐らないならば、軽垢罪《きょうくざい》に当たる。（第二章134頁）

仏教徒としての序列や座の上下の設定は、戒律を受けた順すなわち経験を積んだ順とせよという教えです。年齢や身分は序列の根拠とならない。これは、語弊があるのを承知で言うなら、現代日本の役者や芸人の序列に相通ずるものがあります。

六、政治と闘争に関わるな

平等主義の自然な帰結として、菩薩は世俗の政治に関与すべきでありません。国王等の権勢と必要以上に懇ろになることは政治に加担することです。これは、『梵網経』の説く菩薩が出家者だけであるなら当然のことです。しかし菩薩には出家者と在家者の両方がいます。それ故、特に在家菩薩に対して政治参加を戒める必要が生じます。

本経は次の箇所で戦争に使う武器の所有を禁じますが、戦争を避けることがその究極の目的ではないことを臭わせる内容となっています。

【軽罪第十】仏子〔である汝〕は、いかなる刀剣や棍棒も、戦いの弓矢も、鉾や斧などの兵器も、〔鳥や魚をからめとる〕悪しき網も、殺しの器物も保持してはならぬ。……。もし故意に刀剣や棍棒を蓄えるならば、軽垢罪に当たる。（第二章97頁）

ここでは人や国家の闘争と鳥獣の殺害とを同じ次元で論じています。つまり本経は、戦争を、戦争であることを理由に禁ずるのでなく、生きものを無益に殺す（殺生を犯す）から戦争をしてはならないと説いていると解釈できます。要は、すべて、戒という視点に帰一します。ともかく菩薩は政治に関わるべからずということを、次の三条ははっきり示しています。

【軽罪第十一】仏子〔である汝〕が利欲を貪り悪心があるために、二国間の命運を握る使者として行き来し、両軍が衝突すれば、争いを起こし、無数の命あるものを殺す。しかるに菩薩は、軍隊と接触してはならず、まして故意に国の不利益に働くなら尚更なのに、もし故意にするならば、軽垢罪に当たる。

（第二章98頁）

【軽罪第十七】もし仏子〔である汝〕が自ら飲食・物品・利欲を貪り名誉を得るために、国王・王子・大臣・諸官僚と懇ろになり、政界の権力を笠に着て食を求め、人を殴り、引きずり回し、財産を横取りし、〔このようにして〕あらゆるやり方で利欲を追求するなら、悪しき欲望者・欲望過多の者と呼ばれるようになる。

（第二章103頁）

【軽罪第三十二】仏子〔である汝〕は、刀剣や棍棒、弓矢を保持し、軽い秤（はかり・てんびん）や小さな枡（計量器）を売り捌き、官の権力を笠に着て他人の財産を取り立て、心を傷つけ束縛して〔自由を奪い〕、他人の成功を損なったり、猫・狸・猪・犬を飼育したりしてはならぬ。

（第二章121～122頁）

これらは全体として、世俗権力の利益にそれと同じ世俗の次元で関わることを否定しています。因みに政治や戦争から我が身を遠ざけるべきことを説く条文は、本経の他の箇所にも見て取れます。【軽罪第三十三、第三十七】等がそれです。

こうして『梵網経』は下巻のあちこちで戦争の否定を説き、政治や国家権力との繋がりを禁じます。これらの諸項目は、とどのつまり、ただ一点に帰着すると思われます。その帰着点とは重罪第一条にほかなりません。

【重罪第一】仏は仏子に告げた。もし仏子〔である汝〕が生きものを自ら殺し、他の者たちに殺させ、手立てを講じて殺し、殺しを褒め称え、誰かが殺するのを見て共に喜び、果ては呪文をかけて殺すまでのことをすれば、殺すという行為と、殺す方法と、殺しの直接的原因と、殺しの間接的原因とが〔成り立つ〕。一切の命あるものを、故意に殺してはならぬ。菩薩は常に慈悲の心と素直で従順な心を保ち、手立てを講じて〔生きもの〕を救うべし。それなのに逆に、身勝手な思いから生きものを殺して喜ぶならば、菩薩の重罪である。（第二章76頁）

同じことを別の言葉で言い直すなら、『梵網経』の政治否定と戦争否定は、不殺生主義を根本とし、不殺生から派生した事柄であるということです。

何故にここまで執拗に繰り返し戦いや政治との繋がりを避けようとするのでしょうか。そこには恐らく政治から身を離したい仏教徒の立場とは逆に、権勢者の側は、未来を言い当てる等の不可思議な勝れた霊力を備える仏教僧を配下に収め、意見を聞いて政治的判断をすることが、実際、極めて役立ったということがあるでしょう。

梵網十重四十八軽戒の素材となった菩薩戒を説く論書の一つは『瑜伽師地論』菩薩地であり、その玄奘訳より前に存在した古い漢訳が北涼《ほくりょう》の曇無讖《どんむしん》訳『菩薩地持経《ぼさつじじきょう》』と南朝宋《なんちょうそう》の求那跋摩《ぐなばつま》訳『菩薩善戒経《ぼさつぜんかいきょう》』であったことは既に述べた通りです。二人のうち、インド大乗僧の曇無讖（三八五〜四三三）は、北朝の政治動乱に身を翻弄された僧の典型です。曇無讖が活動した北涼国は五胡《ごこ》十六国《じゅうろっこく》の一小国でしたが、北涼は東に隣接する北朝の大国、北魏《ほくぎ》と政治動乱を繰り返しました。北涼王の沮渠蒙遜《しょきょもうそん》（三六八〜四三三）は曇無讖の霊力に魅せられ、自らの政治判断の適否をしばしば曇無讖に諮り、曇無讖の返答から大きな利益を得ていました。勝れた僧は神通力その他を駆使して未来を預言することができたので、曇無讖の存在はどの兵器より強力でした。未来を予知する僧を配下に収めることは、現代ならば用途の異なる最新兵器を幾つも持つのと同じです。北魏と東魏の正史《せいし》である『魏書』の釈老志（仏教と道教の記録）はこう記します。

これより以前、沮渠蒙遜が涼州にいて、また仏法を好んでいた。罽賓《けいひん》出身の沙門の曇摩讖《どんましん》（曇無讖と同人）がいた。彼は多くの経典や論書を習得し、姑臧《こぞう》（北涼国の都、現在の甘粛省武威市）において沙門の智嵩《ちすう》らのために『〔大般〕涅槃経』など十部余りを翻訳した。そのうえ彼は術数や禁呪（呪文）に通暁していて、他国の危険や安全を述べ立て、ぴたりと的中することが多かったので、蒙遜はいつも国の政治を彼に相談していた。

国王や政治家からの相談は他国の侵略・併合の是非問題を含み、殺人が否応なしに関わります。故に国王から「某某国を今攻めたら勝てるだろうか」と問われて僧が答えたら、今なら勝てると答えたにせよ、来月まで待てと答えたにせよ、殺生を肯定する振る舞いをしたのと同じです。だから『梵網経』は政治や政治家から身を遠ざけよと説くのです。

七、国家の廃仏毀釈と対処法

直前に言及した北魏では、皇帝の太武帝が仏教僧の曇無讖の予知能力を欲しがり、配下に収めることを願いましたが、太武帝は、曇無讖を敬っていたわけでも何でもありませんでした。そもそも太武帝は仏教信者でなく道教信者でした。そして道士の寇謙之《こうけんし》と大臣の崔浩《さいこう》を相談役として国を治めました。当時、北魏の都は平城《へいじょう》（現在の山西省大同市）でした。結局、太武帝は四三九年に北涼を併合した後、現在の陝西省で蓋呉《がいご》の乱という反乱が起こったのをきっかけに、長安の仏教寺院が武器を寺内に所有していたことや、女性との堕落が発覚し、それが太武帝を怒らせ、太武帝は仏教の排斥を断行しました（北魏太武帝の廃仏毀釈《はいぶつきしゃく》、四四六〜四五二年）。いわゆる「三武一宗《さんぶいっそう》の法難《ほうなん》」という仏教迫害の最初の事件が、この太武帝による大弾圧です。道教徒の太武帝は仏教を容赦なく徹底的につぶしにかかりました。僧侶は還俗《げんぞく》を強要され、経典と仏像は焚《や》かれました。それが終わったのは太武帝が死去し、次に文成帝《ぶんせいてい》（四五二〜四六五年在位）が即位して仏教を復興した時でした。しかし復興とはいっても、条件付きの仏教統制が続き、北魏が国家として仏教を管理する為に出家者の人数を制限し、僧の実数から税を徴収する為に僧籍《そうせき》（出家者の戸籍）を作りました。仏教にとっては国家の支配下で常に監視され続ける中、仏教活動が一部認められたに過ぎませんでした。『梵網経』は末尾の箇所で、こうした北魏の仏教統制という生々しい実態に対する批判の眼をはっきり表しています。【軽罪第四十七条・第四十八条】の最終二条からそれは知られます（望月一九四六・四六五〜四六八頁。船山二〇一四・一三〜二二頁）。

第三節　報復は虚しいばかり

一、報復は無益なり

社会や他者に対する『梵網経』の見方は、理不尽な行為によって自らや自らの肉親が害されたとしても報復するなという教えとなりました。特に次の二条に顕著です。

【軽罪第二十一】仏は言った。仏子よ〔汝は〕怒りに怒りで報復したり、暴力に暴力で報復したり、〔更に〕もし父母兄弟やその他の六親《りくしん》を殺されても〔加害者に〕報復を加えるという、これらのことをしてはならぬ。もし国王が他の誰かに殺されても、報復を加えてはならぬ。命ある者を殺されたことに対してその命ある〔殺人〕者〔を殺すことによって〕報復しようとすることは孝の道に外れる。……。しかるに出家菩薩が慈しみの心なく、六親〔を殺されたこと〕に対して報復するに至るまで、故意に〔仕返し〕するならば、軽垢罪である。

（第二章106～107頁）

【軽罪第十】仏子〔である〕汝は、いかなる刀剣や棍棒も、戦いの弓矢も、鉾や斧などの兵器も、〔鳥や魚をからめとる〕悪しき網も、殺しの器物も保持してはならぬ。しかるに菩薩はたとい父母を殺されてたとて報復しない。まして〔父母や肉親以外の〕一切の生きものが殺されるなら尚更である。もし故意に刀剣や棍棒を蓄えるならば、軽垢罪に当たる。

（第二章97頁）

もし仮に誰かによって自らの両親や肉親が理不尽に殺されたとしても、その加害者に報復してはならぬと説いています。父母を挙げるのは最も強い語気を示します。報復を禁ずる理由は何かというと、【軽罪第二十一】は、報復は生きものの殺害（殺生）を引き起こすからと言います。【軽罪第十】は、戦いを起こすからと言います。どちらが根本かと言えば、生きものを殺す方でしょう。生きものを殺すことになるから、戦いをすべきでないし、たとい正当な復讐であったとしても決して行ってはなりません。

【軽罪第二十一】の「孝の道に外れる」が親孝行から逸脱するという意味に限らないことは、前後の内容から明らかです。つまり仏の教えに外れた行為という意味です（上述43、195頁）。報復は無益なりと考える理由は、仏の教えと違《たが》うからです。具体的に言えば、同条末尾に傍点を付したように、「慈しみの心なく」（原文「無慈」）と繋がります。第一章で述べた「孝（仏法への従順さ）」と「慈しみ」の繋がりはここにも現れています。

二、報復が虚しい理由

報復から善い結果は生まれないことは様々な仏典に説かれ、大乗小乗を問わず、仏教すべてに妥当します。最古の教えは次の維祇難《いぎなん》訳『法句経《ほっく》』悪行品でありましょう。

人を殴れば〔人に〕殴られ、怨めば怨まれ、罵れば罵られ、怒れば怒られる。

（四・五六四下〜五六五上）

これは因果応報の実例に他ならず、そのまま大乗にも当てはまります。先に紹介した〔北涼〕曇無讖訳『菩薩地持経』巻五（【軽罪第二十一】注（1））と、次に示す〔南朝宋〕求那跋摩訳『菩薩善戒経』巻四は、右の『法句経』の説に基づいています。

もし悪人に手や拳や刀や棒で殴られたり、酷い言葉で罵られたりしたとしても、〔菩薩である〕この人は、悪心を起こして荒々しい言葉で報復を加えたりしない。

（三〇・九八四上）

報復を肯《がえ》んじない理由は、釈尊の教えをそのまま受け継いだ初期仏教やその後の部派仏教では、報復行為は殺生に当たるからでした。その後に起こった大乗の教えでは、これに加えて、菩薩が日々行うべき六波羅蜜《ろくはらみつ》が忍辱《にんにく》波羅蜜（羼提《せんだい》波羅蜜品」とも。共に「完全な忍耐」の意）を含むことが更に影響を与えました。在家者が守るべき菩薩戒を説く、曇無讖訳『優婆塞戒経』巻七「羼提波羅蜜品」は次のように言います。

仏は言った――、善男子（良家の息子）よ、忍耐に二種ある。一つは世俗的な忍耐である。二は世俗を超えた忍耐である。飢えや渇き、暑さ寒さ、苦や楽〔に耐えること〕は世俗的な忍耐である。〔仏の説いた〕戒めるべき行為を信じ、他者に施し、〔教えを〕聴聞し、正しい智慧を発し、正しい見解を持ち過《あやま》たず、仏・法・僧〔の三宝〕を正しく知り、罵りや暴力、酷い言葉、酷い事柄、貪欲・怒り・無知〔の三毒〕等を悉く堪え忍び、耐え難きを耐え、施し難き〔を施し」、なし難きをなすこと、――これが世俗を超えた忍耐である。善男子よ、菩薩たる者は、もし他人が〔自らを〕打撃したり罵ったり、見くびったり、誹謗したり、酷く言ったり、罵ったりするのに出会ったら、その時、心の中で報復してやろうという思いを抱かない。菩薩たる者はこのように耐えるべき事柄を行い、今現在の為でなく、今後将来の利益の為に、善いことには善をもって報い、悪いことには仕返しをしない。

（二四・一〇七二上）

中国における漢語の叙述では、当時の出家僧尼に一切食肉すべからずと主張した梁の武帝の「断《だん》酒肉文《しゅにくぶん》」（『広弘明集《こうぐみょうしゅう》』巻二六）に次のような武帝の主張が見られます。

もし他の衆生（命ある生きもの）の父の肉を食らうなら、その衆生も仕返しに汝の父親を食らう。もし衆生の母の肉を食らうなら、その衆生も仕返しに汝の母を食らう。もし衆生の子の肉を食らうなら、その衆生も仕返しにその〔子を食った者〕の子を食らう。こうして怨敵は仕返しに相手を食い返す(1)。〔この悪の連鎖は〕永久の夜のような時間を経めぐり、終わりがない。それはちょうど『経』に説くように、「ある女がたとい五百回生まれ変わっても狼の子に危害を加えるなら、狼の子も五百回生まれ変わってその女の子供に危害を加える。更にまた、女がたとい五百回生まれ変わっても鬼霊の命を損なうなら、鬼霊も五百回生まれ変わってその命を損なう」のである。(2) このようなことは全て『経』に説かれている通りで、信じぬわけには行かぬ。
（五二・二九七上）

（1）［唐］道世《どうせい》『法苑珠林《ほうおんじゅりん》』巻九三に引用する『尼羅浮陀地獄経《にらぶだじごくきょう》』（五三・九七六中）および道世『諸《しょ》経要集《きょうようしゅう》』巻一七（五四・一六一中〜下）の同文を見よ。「尼羅浮陀」はニルアルブダ nirarbuda という地獄名の漢字音写。

（2）［北涼］浮陀跋摩《ふだばつま》・道泰《どうたい》等共訳『阿毘曇毘婆沙論《あびどんびばしゃろん》』巻七（二八・四五中）と『同』巻五〇（二八・三七六上〜中）を参照。

右の一文を見ると、報復の是非はいわゆる正当防衛の是非とは異なることが分かります。あくまで過去に既に行われた行為に対する仕返しの是非であり、「急迫不正の侵害に対して、自己または他人の権利を防衛するためやむを得ずする加害行為」を意味する正当防衛（『広辞苑』第七版）の是非問題を述べているのではありません。

報復は一度では決して終わりません。報復は、報復された相手からの報復を生み、それに対する更なる報復を生み、際限なく続きます。先に述べたことも合わせて考えると、第一に報復は不殺生戒を犯し、第二に大乗では忍辱波羅蜜に反し、第三に報復は無限に続きます。したがって報復はただ虚しいばかりで何の益もありませんから、事の発端はどうであれ、報復には何のメリットも正当化すべき理由もありません。

注釈家の説明を一つ紹介しておきましょう。新羅《しらぎ》の義寂《ぎじゃく》『菩薩戒本疏』巻下之本は、『梵網経』【軽罪第二十】の該当箇所を次のように解説します。

〔輪廻転生を認めない〕仏典以外の論書では、この世の怨敵と身内は必ず異なり、別である。(1)それ故に「父母の怨敵とは同じ天下に生きず、兄弟の怨敵と同じ国に住まわず、従兄弟の怨敵とは食事しない」と言う。(2)〔一方、輪廻転生を認める〕内法（仏教）では、〔過去・現在・未来の〕三世を通じて怨敵と身内は〔生まれ変わって〕繋がるから〔まったく別の人格ではない〕。かの親のためにこの親を別人として殺すことなど、どうしてできようか（輪廻転生する中で同人が怨敵の親とも我が親ともなり得る）。したがって〔輪廻転生を認めるなら、加害者が〕父や兄を殺しても、報復を加えることなどできない。更にまた、私の親が〔殺されて〕死ねば、もとに生き返ることはあり得ない以上、あの〔加害者の〕親を殺害したとて、私に何の利益があろうか（他を殺しても死んだ親は決して戻って来ない）。かくして『長寿王経《ちょうじゅおうきょう》』に言う、「怨みで怨みに報いても、怨みは遂に消えない。美徳で怨みに報いてこそ、怨みはやっと消えるのだ」。(3)

（四〇・六七七中）

（1）原文は「外論一世怨親定異」。ここに言う「外論」は外教の論であるが、輪廻転生を認めない外教なので、インドでなく中国の儒教等を指す。

（2）『礼記』檀弓上篇の次の一節に基づく。「子夏問於孔子曰、「居父母之仇、如之何」。夫子曰、「寝苫枕干、不仕、弗与共天下也。遇諸市朝、不反兵而闘」。曰、「請問居昆弟之仇、如之何」。曰、「仕弗与共国。銜君命而使、雖遇之不闘」。曰、「請問居従父昆弟之仇、如之何」。曰、「不為魁、主人能、則執兵而陪其後」」。

（3）『長寿王経』「以怨報怨、怨終不滅。以徳報怨、怨乃滅耳」は未詳。同文引用は新羅の太賢《たいけん》『梵網経古迹記』巻下末にもある（四〇・七一二中）。

三、ハンムラビ法典「目には目を」の是非――儒教・道教・キリスト教

長々と諸文献を引用紹介しましたが、核心は報復の是非にあります。これは法律用語では同害報復や同害刑と呼ぶ如くですが、筆者は詳しくありません。ただ、古代バビロニアのハンムラビ法典に「目には目を、歯には歯を」とあるのと同じ考え方を『梵網経』は否定しているのであると言えば、世界各所で現代まで取り沙汰される刑罰の問題と直接関わることをご理解いただけるでしょう。「目には目を」を是とする立場では、「目を害された者が加害者の命を奪って殺すのは正当な応酬でないけれども、相手の目を害することは対価の報酬である」と見なします。一方、我々は先に『梵網経』の【軽罪第二十一】の「瞋ヲ以テ瞋ニ報イ、打ヲ以テ打ニ報イルヲ得ズ」は仏教本来の立場を表していることを見ました。これは「瞋ヲ以テ瞋ニ報ユ」という考えを否定しています。それ故、仏教本来の立場からも『梵網経』の立場からも、「目には目を」の報復は無意味であると言うこと

ができます。むしろ本経は、戦いや反感を消すことが最も重要であると力説します。仏教とハンムラビ法典の刑罰観は真っ向から対立しています。

では、他の地域や時代はどうだったでしょうか。『梵網経』と地域も時代も重なる事例として、東アジア漢字文化圏の中国の二つの伝統を示すと、中国の古典である儒学と道家の思想に、刑罰についての考え方を示す条を見出すことができます。まず、儒学の代表として『論語』憲問《けんもん》篇に次の一節があります。

> 相手方の悪意に対しても、善意をもって報いよ、という説は、どうお考えになりますか。
> 孔子。それでは善意に対して、何を報いよというのか。まっすぐなもの、それで悪意にむくい、善意によって善意にむくいる。
> （吉川幸次郎一九七八・一八四頁）
>
> 或曰、「以徳報怨、何如」。子曰、「何以報徳。以直報怨、以徳報徳」。

孔子はここで、徳に報いるのに徳を用いることは正しいが、怨恨に報いるのに徳を用いることは筋が通らないと考え、怨恨には正義をもって報いるべしと説きます。問者は「徳ヲ以テ怨ニ報ユ」を正しいと考えて孔子に問うたわけですが、孔子はそれを否定し、「直（実直・正義）ヲ以テ怨ニ報ユ」を正しいとします。『論語』にはこれ以上の説明がありませんが、「直」は「徳」と異なるから、間違いは間違いであると恐れずに堂々と直言する正論を「直」という語で表しているのでありましょう。

次に、道家の根本聖典『老子』の六十三章を引用すると次の通りです。

> 無為をわがふるまいとし、無事をわがいとなみとし、無味をわがあじわいとする。小には大を与え、少なきには多きを返し、怨みに報いるには徳をもってする。[1] 困難な仕事は容易なうちに手をつけ、大きな仕事は小さなうちに片づけてゆく。世のなかの難事は、いつでも容易なところから生じ、世のなかの大事は、いつでも些細《ささい》なところから起こる。だから無為の聖人は決して大事を為そうとはせず、かくて大事を成しとげるのだ。いったい安請け合いは、めったにあてにならず、易《やさ》しく考えすぎると、きっとひどい目にあう。だから無為の聖人は、容易な事でも難《むつか》しく取りくみ、かくて少しも困難が起こらないのだ。
>
> （福永二〇一三・二四七頁）

(1) 原文は「報怨以徳」。訓読は「怨ミニ報ユルニ徳ヲ以テス」。

ここで老子は「怨ミニ報ユルニ徳ヲ以テス」という立場を説いています。これは孔子と完全に対立し、孔子に問いかけた人物（『論語』憲問篇の問者）と同じ立場です。

では、アジア以外の聖典はどうでしょうか。『旧約聖書』にはハンムラビ法典とほぼ同じ文言が現れますが、よく知られているように、『新約聖書』マタイ福音書五章には、キリストが「目には目を、歯には歯を」を受けてそれを改め、「誰かがあなたの右の頬を打つなら、左の頬も向けなさい」と言って報復を禁じています。つまりキリスト教は、悪によって悪に報いるのでなく、善によって悪に報いるべしという立場を掲げます。言い換えれば、キリスト教の立場は、『論語』の立場でなく、仏教と道家の立場に近似します。更にイスラームの『クオラーン』の説にも触れたいところですが、筆者の知識不足で過った説明となるのを恐れ、敢えて言及は避けたいと思います。

四、マハトマ・ガンディーの「非暴力」

ここで古代の文献を離れ、『梵網経』の説く復讐の虚しさと無益を、現代の思想と繋げて検討してみましょう。以下に取り上げるのは第一次大戦後にインドをイギリス植民地から解放し独立の方向に導いた精神的指導者マハトマ・ガンディー（モーハンダス・カラムチャンド・ガンディー、一八六九～一九四八）の思想と行動です。

ガンディーの民族運動は「非暴力」「不服従」「サティヤーグラハ（真実の取得・受け入れ）」「スワラージ（自治・自立）」「スワデーシ（インド国産品）」等の語で語られ、よく知られています。ガンディーの生い立ちや活動を細かく解説することは本書の目的を越えるので敢えて行わず、割愛することをどうぞご諒解ください。

ガンディーの唱えた「非暴力」は「ノン・ヴァイオレンス non-violence」と英語で言い表されますが、ガンディーの母国語であるグジャラート語やインド全体の共通語に当たるヒンディー語では「アヒンサー ahiṃsā」という語で表記されます。アヒンサーはヒンサー（殺害）の反対語で、不殺生を意味します。ガンディーにとって、インドの民が植民地支配を離れて独立できる方法はただ一つ、銃を向けられても実際に打たれてもひるまない非暴力のみであり、それは究極的な戦争や殺人の否定を意味するものでした。ガンディーは、イギリス国家軍と銃で闘ってもインドの独立を実現することはできないと考え、戦いや弾圧という力による支配を離れ、対極を目指しました。

ガンディーは民族主義者、弁護士、宗教家であり、そしてインドの独立自治を目指す政治活動家としての面もありました。彼が残した著作は多く、言語的にもグジャラート語・ヒンディー語・英語の三カ国語に渡ります。以下に示すものは、英語版 **M. K. Gandhi, *My Non-violence*** を日本語に訳した『わたしの非暴力』（ガンディー二〇二一）からの引用です。更に、内容理解に資するため、【】でわたくしの要約を示します。

【殺人行為に復讐するために加害者を殺害しても根本的な解決とならない】

殺人は、仇討ちや賠償金の請求によって酬われるものではない。殺人に酬いる唯一の方法《みち》は、復讐心をもたずに、自らすすんで犠牲に立つことである。この前提を信じる者は、愛する者の死に対しても、賠償金を請求したり、それを受け取ったりすることをゆめゆめ考えないだろう。生命《いのち》に対して生命を奪うという考え方は、かえって殺人の数を増大するだけである。今日、この傾向が各所に目立っている。復讐や賠償は個人にはいくらか満足を与えるかもしれないが、治安を回復し、社会を高めるのになんの訳にも立たないことを、わたしは信じて疑わない。

（ガンディー二〇二一・二部一八二〜一八三頁）

右の内容は、本章で既に論じ、次に再び掲げる『梵網経』第二十一軽罪と合います。

【軽罪第二十一】仏は言った。仏子よ〔汝は〕怒りに怒りで報復したり、暴力に暴力で報復したり、〔更に〕もし父母兄弟やその他の六親《りくしん》を殺されても〔加害者に〕報復を加えるということ、これらのことをしてはならぬ。もし国王が他の何者かに殺されても、報復を加えてはならぬ。命ある者を殺されたことに対してその命ある〔殺人〕者〔を殺すことによって〕報復しようとすることは孝の道に外れる。男奴隷・女奴隷を囲っても、彼らを殴打したり罵ったりせず、日々の〔身・口・意の〕三業の中でも、口業の罪は計り知れない。ましてや故意に七逆罪《しちぎゃくざい》を犯すなら尚更である。しかるに出家菩薩が慈しみの心なく、六親〔を殺されたこと〕に対して報復するに至るまで、故意に〔仕返し〕するならば、軽垢罪である。

（第二章106〜107頁）

目に対して相手の命を奪うべきでないのは勿論、「目には目を」の立場も解決とならず、我々がすべきは報復の放棄のみであるという点で、ガンディーと『梵網経』の立場は共通します。

次の一節も同じく、「目には目を」も、他のいかなる報復も無益であると述べます。

彼（ガンディージー）が言わんとしたのは、もし人が自分を罵倒しても、自分は罵倒を返すようなことはけっしてしないだろうということである。一つの悪事が他の悪事によって返されるとき、それは悪を減少するどころか、かえって増大するだけである。暴力は一段大きな暴力によって鎮《しず》められるものではなく、非暴力によってはじめて鎮められる。これが普遍の法則であると彼は言った。けれども、無抵抗のほんとうの意味はしばしば誤解され、時には歪曲さえされている。断じてそれは、非暴力の人は侵略者の前に屈服すべきだという意味ではない。侵略者の暴力に暴力をもって応えるようなことはしないが、侵略者の不法な要求には死を賭しても服従を拒否しなければならない。これが、無抵抗のほんとうの意味である。

ガンディージーはさらにつづけた――（……）彼は暴力を返すのではなく、手を出さないことによって相手の暴力を骨抜きにし、同時に要求に屈服することを拒否しなければならない。それこそが、この世界で見受けられる文明の名に値する唯一の方法である。他のどんな方法も、平和の時代（それは必要に迫られ、あるいは力尽きてもたらされる平和にすぎない）を飾る軍備競争をひき起こすだけである。いわばそれは、より高度な暴力の準備期間である。こうして、高度な暴力によってもたらされた平和は、必然的に、原子爆弾や、さらに原子爆弾に対抗するすべての武器へと通じる。それは、非暴力と民主主義（民主主義は非暴力なくしてはありえない）の完全な否定である。

（ガンディー二〇二一・二巻二四四～二四五頁）

ここでガンディーは現代の武器や爆弾にも言及しますから、用いる言葉は『梵網経』と異なります。しかし言わんとする内容は、ここも【軽罪第二十二】と同じです。

更に、英語「非暴力」とインド語の「アヒンサー」を置き換えられるとする見方は、本書で上述したところの、本経における戦争や復讐の否定は不殺生戒【重罪第一】を守れるかどうかという問題に行き着くということと、本質的にまったく同じです。

ただ、ガンディーの思想と行動が『梵網経』の教えと全て一致すると考えるのは行き過ぎです。ガンディーの活動には、インドを植民地から解放し、インド人による自治を得るという具体的な目的があり、それは政治と切り離せない課題でありました。一方、『梵網経』は、政治家になれとは決して勧めず、逆に政治から離れよと説いています。これはガンディーと本経の大きな違いです。しかし単純に相反するとは必ずしも言えません。ガンディーは自らを政治家でなく宗教家と認識していたからです。

ある人がガンディーに向かって、あなたの生活と思想の原動力となっているもの、言い換えれば、インドの民衆を行動へ導くのは、政治的イデオロギーか、それとも宗教的信念かとたずねたとき、ガンディーは間髪を入れず、「純粋に宗教的なものです」と断言した。

（森本達雄「訳者あとがき」、ガンディー二〇二一・一巻二四三頁）

本節を結ぶに当たり、インド初期仏教の教えである『ウダーナ・ヴァルガ（感興の言葉）』と、既に引用した文言の中から本書の主題『梵網経』と、マハトマ・ガンディーの言葉とを再び引用して比べてみましょう。

『ウダーナ・ヴァルガ』第十四章「憎しみ」

三　殺す人は殺され、怨む人は怨みを買う。また罵りわめく人は他の人から罵られ、怒りたける人は他の人から怒りを受ける。

一二　怨みは怨みによっては決して静まらないであろう。怨みの状態は、怨みの無いことによって静まるであろう。怨みにつれて次々と現れることは、ためにならぬということが認められる。それ故にことわりを知る人は、怨みをつくらない。

（中村一九七八・二〇二～二〇三頁）

『梵網経』【軽罪第二十一】

仏は言った。仏子よ〔汝は〕怒りに怒りで報復したり、暴力に暴力で報復したり、〔更に〕もし父母兄弟やその他の六親《りくしん》を殺されても〔加害者に〕報復を加えるという、これらのことをしてはならぬ。もし国王が他の誰かに殺されても、報復を加えてはならぬ。命ある者を殺されたことに対してその命ある〔殺人〕者〔を殺すことによって〕報復しようとすることは孝の道に外れる。

ガンディー『わたしの非暴力』

一つの悪事が他の悪事によって返されるとき、それは悪を減少するどころか、かえって増大するだけである。暴力は一段大きな暴力によって鎮《しず》められるものではなく、非暴力によってはじめて鎮められる。

これら三つの言説は勿論様々な点でそれぞれ立場が異なりますが、怨みや復讐に対する考えは、立場の違いを超えて一つに繋がっています。

第四章　菩薩の食生活

本書の「はじめに」で触れたように、『梵網経』は食べ物についての決まりを定めており、現在でも台湾・中国・ヴェトナム等で『梵網経』に基づく食生活を貫いている人々がいます。本経が摂取してよいとする飲食物と摂取すべきでないとする飲食物を概説します。食物規定に関して本経は現代まで影響を保ち続けています。

第一節　酒を広めるな

『梵網経』は、摂るべきでない飲食物を三種、四項目定めています。具体的には酒に関する決まりが二つ、肉に関する決まりが一つ、そして菜食する時でも摂取すべきでない野菜に関する決まりが一つの四項目です。【重罪第五】【軽罪第二〜第四】の四条がそれに当たります。第三章第一節に見た酒の決まり二条を再び確認すると次の通りです。

【軽罪第二】仏子〔である汝〕が故意に酒を飲み、そして酒の過失を生むと、〔その害は〕計り知れない。もし自ら手で酒器を人に手渡して酒を飲ませるなら、五百回生まれ変わる間、ずっと手をもたぬ者に生まれる。ましてや自分で飲むなら尚更である。どんな人にも、どんな生きものにも、酒を飲ませてはならぬ。ましてや自ら飲酒するなら尚更である。もし故意《わざ》と自ら飲酒し、人に飲ませるならば、軽垢罪に当たる。（第二章89頁）

このように自らの飲酒と他人に飲酒させることを禁じます。禁ぜられる飲み物は単に「酒」との み記し、酒の種類を特定しないことは、酒類一般を広くすべて禁ずる決まりと解釈できます（第三章第一節176頁）。

飲酒の弊害について『梵網経』が敢えて解説しない理由は恐らく、当時既によく知られていたか らでありましょう。仏典で酒の害悪を述べる時には酒の十過があるほか、酒の「三十五失」ないし「三十六失」が知られていました。特に［後秦］鳩摩羅什訳『大智度論』巻一三が「酒ニ三十五失有リ」として三十五の欠点を挙げるのは有名です。一々の項目は、酒が体によくないことを述べるほか、泥酔による痴態その他が具体的に描写されています――、例えば「四、真っ裸になっても恥ずかしいと思わない」、「七、得るべきものを得られず、既に得たものをなくしてしまう」、「八、秘密を人にしゃべってしまう」等々（二五・一五八中）。また、五世紀後半に北魏の曇靖が撰した偽経『提謂波利経《だいいはりきょう》』巻下の「三十六失」に、「六、酔っ払うと道端に寝転がり家に帰れなくなるし、所持品をなくす」、「八、酔っ払うと頭を上下させ、右に左にふらつき、溝に墜ちてはまったりする」等とあります（牧田一九七六・二〇一四・二三一～二三二頁）。これを書いた仏教徒は酔っ払いの狂態を自ら素面で冷徹に観察したのか、自ら経験した生き恥を忍んで書いているのか分からない程に現実的で具体的です。

このように仏教は飲酒に常に厳しいですが、『梵網経』は飲酒よりも罪深い行為があると言います。それは酒を飲むことでなく、不特定多数の人に販売する行為です。

【重罪第五】もし仏子〔である汝〕が自ら酒を売り、他人に酒を売るよう唆すなら、酒を売る直接的原因と、酒を売るという行為と、酒を売る方法と、酒を売る間接的原因とが〔成り立つ〕。一切の酒は、売ってはならぬ。およそ酒というものは、罪を生む直接間接の原因である。しかるに菩薩は、一切の生きものに物事を達観する智慧を生み出させるべきなのに、ところが逆に、生きものに事実と逆の考えを起こさせるなら、菩薩の重罪である。（第二章79〜80頁）

【重罪第五】と【軽罪第二】のうち、飲酒を禁ずる【軽罪第二】は仏典の一般的な決まりと共通しますが、本経は、在家者が酒を不特定多数の人々に売って酒を蔓延させることを禁ずる【重罪第五】の方をより重視します。ここに社会全体の向上を目指すという本経独自の考え方が顕著に現れていることは、既に述べた通りです。

部派仏教の出家者が守るべき『律』（ヴィナヤ）も当然、飲酒を禁じます。しかしそれは波逸提《はいつだい》罪《ざい》です。教団追放処分となる波羅夷罪《はらいざい》（重罪）と異なり、波逸提は二、三人または一人の僧に向かって飲酒したことを告白し、深く懺悔《さんげ》すれば贖うことのできる罪です。【軽罪第二】も同様に罪ではありますが軽罪であり、重罪ではありません。それに対して他者に酒を販売する行為は重罪です。菩薩にとって重罪とは、もしそれを悪心から、意図的に、繰り返し犯すなら、菩薩の資格を失うという恐ろしい罪です。

酒の販売を禁ずる決まりは、出家者には当たり前であり、更に金銭に触れることも販売を営むことも『律』で許可されていない以上、【重罪第五】を犯す可能性のある該当者は、現実には在家の菩薩です。同じ決まりを明記する他の漢訳仏典が曇無讖訳『優婆塞戒経《うばそくかいきょう》』巻三という在家菩薩戒のみの次の文であることからも裏付けられます。

ウパーサカ〔優婆塞、在家男性信者〕は、たとい命と体〔を維持する〕ためであっても、酒を売ってはならぬ。〔凡夫ウパーサカであってもこれを守る〕。ましてスローターアーパンナからアナーガーミンに至る〔聖者ウパーサカ〕(1)であれば尚更である。〔この戒を守れないならば〕破戒したウパーサカ、臭いチャンダーラの垢濁がこびりついたウパーサカと名付ける。これが第六の重罪である(2)。

（二四・一〇四九中）

（1）ウパーサカ（優婆塞、在家男性信者）には凡夫のウパーサカと聖者のウパーサカがいる。聖者のウパーサカに四種あり、最高位である第四はアルハト（阿羅漢、供養に値する者）。スロータアーパンナは一番目、アナーガーミンは三番目の聖者。

（2）『優婆塞戒経』はウパーサカ菩薩の避けるべき重罪を六種列挙する。本条は最後の第六重罪。

善男子（良家の息子）よ、ウパーサカの戒を受けるには、してはいけないことが五つある。一は命ある生きものを売らない[1]。二は刀剣（武器）を売らない[2]。三は、毒薬を売らない[3]。四は、酒を売らない（不得沽酒＝不得酤酒）[4]。五は、圧搾製油をしてはならない[5]。これらの五つを汝は離れることができるか。（二四・一〇四八下）

（1）・（2）・（3）・（5）は不殺生戒に基づく。（5）の植物油の圧搾は虫を潰し殺す可能性が高いから禁ずる。（4）のみが酒と関係し、不殺生戒と異なる。

物品の売買は出家者でなく、専ら在家者の生活と関わります。売買に関する禁戒は大乗戒だけでなく、伝統的な部派仏教の出家戒の中にも、在家者を対象とする決まりとして略記されています。すなわち未詳撰者の律典注釈『薩婆多毘尼毘婆沙』巻一に、不殺生・不偸盗・不邪婬・不妄語・不飲酒の五戒を受けたウパーサカは物品の製造販売に携わってもよいかという問いを立て、それに答える形で、販売業五種を禁じます（二三・五〇八下）。一は畜生の販売（右掲『優婆塞戒経』の第一と繋がります。殺生禁止）。二は弓矢や刀剣の販売（『優婆塞戒経』の第二と繋がります。戦争禁止）。三は酒の販売（『優婆塞戒経』の第四と繋がります）。四は植物油の圧搾製造（『優婆塞戒経』の第五と繋がります。実や種の中の虫を圧殺するから）。五は染色業（『優婆塞戒経』と対応しないが、染色も植物と共に虫を殺すから）。このうち酒の販売については、「三ナル者ハ、酒ヲ沽《う》ルヲ業ト為スヲ得ズ。若シ自ラ有《も》ツ者ナラバ、亦タ直ニ売ルヲ聴《ゆる》ス」という簡略な説明が付されています。すなわち自らが所有する少量の酒を売るのは許可するが、他から卸してきてまで大量に販売することを禁ずるのです。これは酒の大量販売をしてはならぬことを含意します。ここに個人規模でなく、社会全体に流通させるような不特定多数への大量流通を禁ずる見方が窺われます。恐らく同じことは『優婆塞戒経』と『梵網経』に適用可能であると、わたくしは思います。

第二節　食肉しない理由

一、食肉禁止

【軽罪第三】もし仏子〔である汝〕が故意に肉を食するならば、――どんな肉でも食してはならぬぞ――、大いなる慈悲の素質〔を備える〕種子を破壊し、すべての生きものが〔食肉者を〕見て〔自分も食われるのではないかと恐れて〕逃げ去る。それ故にいかなる菩薩もいかなる生きものの肉をも食してはならぬ。肉を食すれば罪は計り知れない。もし故意に食すならば、軽垢罪に当たる。（第二章90頁）

若仏子、故食肉、――一切肉不得食――、断大慈悲性種子、一切衆生見而捨去。是故一切菩薩不得食一切衆生肉。食肉得無量罪。若故食、犯軽垢罪。

二、食肉禁止の意外な理由

右の一節は、次に掲げる曇無讖訳『大般涅槃経』巻四「如来性品」の一節と繋がります。

カーシュヤパ〔迦葉〕菩薩は更に仏に申し上げた、「世に尊き御方よ、どうして如来は肉を食することを許可しないのですか」。〔仏は答えた、〕「善男子〔良家の息子〕よ、そもそも肉を食する者は大いなる慈しみの種子を破壊する。[1]……。カーシュヤパよ、我は今日より以後、弟子たちはいかなる肉も食してはならぬと定める。[2]カーシュヤパよ、肉を食する者は、歩行しても立ち止まっても坐っても横になっても、全ての生きものはその〔肉を食した者の〕肉の臭いを嗅ぎ取って、皆が恐れおののく。それはちょうど誰かがライオンに近づいた後で、人々がそれを見てライオンの臭いを嗅ぎ取り、恐れおののくのと同じである。善男子よ、ちょうど誰かが大蒜《にんにく》を齧れば汚臭が酷く、他の人々はそれを見て臭いを嗅ぎ取って逃げて去ってしまうようなものである。たとい遠くから見るだけでも、目視したいと思わないし、まして近づくなら尚更である。肉を食する者たちも同じである。全ての生きものはその〔肉を食した者の〕肉の臭いを嗅ぎ取って、皆が恐れおののき、死を怖がる思いを起こす。水中の生きものも陸上の生きものも空を飛ぶ生きものも、全ての生きものは皆、それ〔食肉者〕を捨て去って逃げ、皆が「この人は我々の敵だ」と言う。それ故、菩薩たる者は肉を食することを習慣としない。衆生を済度するため肉を食らう姿を示そうとして、実際に食する〔姿を見せ〕たとしても、実は食してはいないのである。

（一二・三八六上～中）

（1）原文は「夫食肉者、断大慈種」。訓読「夫レ食肉スル者ハ大慈ノ種ヲ断ズ」。

（2）原文は「我従今日制諸弟子、不得復食一切肉也」。訓読「我ハ今日従《よ》リ諸ノ弟子ヲ制シ、復タ一切ノ肉ヲ食スルヲ得ザラシムルナリ」。

傍点部について、先に引用した『梵網経』の【軽罪第三】と『大般涅槃経』を比べると、『梵網経』が『大般涅槃経』を踏まえているのが分かります。つまり『大般涅槃経』と同じく、『梵網経』の場合もまた、肉食を避ける理由は、周囲の者たちに、自分も食われてしまうのではないかという恐怖心を与えないようにするためです。

では、人々に恐怖心を与えると、どんな支障が生じるのでしょうか。菩薩として生きる者は、常に人々に説法し、社会全体が改善向上し、皆で高め合うことを目指します。しかしそうしたくても、肉気を嗅いだ聴衆が恐怖して菩薩のもとから去るなら、菩薩としての教化活動が成り立ちません。菩薩は正にそのことを恐れるのです。食通とかグルメとなって贅沢しないということとはまったく別次元で、菜食せよと説いています。

第三節　五辛を避けよ

一、食生活の二つの大きな特徴

既に述べたように、大乗仏教は飲酒と食肉を禁ずるのが一般的であり、『梵網経』においても同じです（本章第一節・第二節参照）。本経は更に二つ、食物摂取の制限を説いていますが、他の経典に見られない本経の特徴です。一つは、第一節【重罪第五】に見られる酒の販売禁止です。その理由は飲酒の習慣を社会の全体に害悪を撒き散らすことは菩薩の利他行に反するからです。これについても第一節で説明した通りです。

では酒も肉も摂取せずに菜食を守れば菩薩としての食生活に適うかと言えば、本経はそうではないといいます。それが本経のもう一つの特徴として【軽罪第四】に見られます。「五辛《ごしん》」を摂取すべからずという教えです。その原文の和訳をまず示します。

【軽罪第四】仏子〔である汝〕は五辛（五種の葷菜《くんさい》）を食してはならぬ。大蒜《だいさん》（にんにく）・革葱《かくそう》（おおにら・らっきょう）・慈葱《じそう》（ねぎ）・蘭葱《らんそう》（のびる）・興渠《こうこ》（ヒング）のこれら五種は〔そのまま単食すべきでないのは言うまでもなく〕、いかなる食物に混ぜて食してもならぬ。故意に食せば、軽垢罪に当たる。（第二章91〜92頁）

訳文では「五辛」を原文のまま示し、それぞれ（）内に説明を加えました。一応このように現代語で表してみましたが、実のところ、五辛の特定は極めて困難です。理由は単純です。植物の呼び名や種類は時代や地域によって大きく変わるからです。

五辛のうち第一の「大蒜《だいさん》」がにんにく《ガーリック》であり、第五の「興渠」が北アフリカからインドの一帯で採れるセリ科の植物、インド名ヒング（サンスクリット語「ヒング hiṅgu」、後述参照）であることは確実です。問題は「葱」字を含む三種です。

葱の類いは、現代でも世界各国に様々で、種類も豊富です。英語圏ではグリーンオニオン green onion とリーク leek の二種に分ける場合が多く、ドイツ語圏ではシュニットラオホ Schnittlauch（西洋あさつき）とポレー Porree（英語 leek）の二種が広く知られています。一方、日本では地域ごとに種類が異なり、総称「葱」を葉葱（青葱）と白葱に二分したり、九条葱（京都）・下仁田葱（群馬）・深谷葱（埼玉）・あさつき・わけぎ・野蒜《のびる》・辣韮《らっきょう》に分けるなど凡そ二、三十種あります。したがって『梵網経』の「五辛」を特定するには、葱の種類・地域・時代をよく知らねばなりません。

二、「辛」は唐辛子に非ず

「五辛」というと、「辛」は日本語で「辛い」と読むから唐辛子のことであると思う人がとても多いのですが、まったくの誤解です。「五辛」は唐辛子ではありません。

確かに唐辛子は、日本語で「唐」を付けて呼ぶので、唐《から》すなわち中国産であると勘違いし易いですが、元来は、中国と何も関係なく、アメリカ大陸の原産です。西暦一四九二年にコロンブスがアメリカを発見（インドと誤解してアメリカに上陸）するまで、唐辛子はヨーロッパ・アジアのどこにもなかったのです。十五世紀末まで、いわゆるレッドペッパー（チリ chillies）を使う料理はアジアにありません。インドのカレーすら唐辛子を含まず、英語でロングペッパー long pepper と呼ばれる胡椒のみを香辛料に用いていました。インドに赤唐辛子を伝えたのはポルトガル人であり、十六世紀初頭僅か三十年間でインドは赤唐辛子の大量栽培を急速に進めたことが分かっています（コリンガム二〇〇六・五〇〜五三頁）。同様に、韓国のキムチも赤唐辛子を使わない漬け物でした。四川料理の麻婆豆腐が成都市で誕生したのは十九世紀末です。

参考までに補足すると、アメリカ大陸原産で後にヨーロッパに輸入されたものには、このほか、トマト・玉蜀黍《とうもろこし》等の食物および煙草と梅毒が有名です。イタリアのトマトソースも歴史は浅く、十九世紀初頭より前には、パスタと無縁でした。

三、本経注釈者の諸説

『梵網経』に施した注釈の数は、六世紀から十八世紀の古典漢語の注釈に限っても三十種類近くあります。しかしそのどれを繙いても、五辛のすべてを完全かつ適切に同定した注釈は一つもありません。必ずどこかに不明なところや曖昧さを残したまま、お茶を濁したような説明となっています。五辛が何かは漢人にも難しいのです。

注釈の説がどれ程様々に異なるかを示すため、試みに三種の漢語注釈と一種の日本古写経の行間に書き込まれた欄外注の説明を略記すると次の通りです。

五辛の別	勝荘《しょうそう》（八世紀初頃）説	法蔵《ほうぞう》（八世紀初頃）説	日本古写本注（八〇〇年前後頃）	与咸《よかん》（十二世紀中頃）説
大蒜	（説明なし）	家蒜、または常食	古注「□□ヒル」、新注「オオヒル」	胡荽《こすい》（胡荽《こすい》＝コリアンダー＝香菜《シャンツァイ》＝パクチー）
革葱	薤蒜似薤而厚	山葱。華北にあり、江南になし	古注「ワサヒ（わさび・山葵）」、新注「ミラ（韮《にら》）」	薤（にら）
慈葱	葱（ねぎ）	胡葱、常食	古注（説明なし）、新注「□ヒル（野蒜か）」「カライクサ」	葱（ねぎ）

蘭葱	嶺南《れいなん》（広州地方）産。葉は大蒜に似るが幅広い	家葱、常食	古注「□ンヒル（ランヒルか）」、新注「アサツキ（朝葱・糸葱）」	小蒜
興渠	芸台《うんだい》（あぶらな）	芸台（あぶらな）または江南にある野《の》蒜《びる》に似た草で華北になし	古注（説明なし）、新注「クレノオモ（呉《くれ》の母《おも》、茴香《ういきょう》＝フェンネル）」	葸《しょく》葈《しつ》（あぶらな科の草）

（注）勝荘（八世紀初頃）説 ＝［唐］勝荘『梵網経述記』二巻の解説
法蔵（八世紀初頃）説 ＝［唐］法蔵『梵網経菩薩戒本疏』六巻の解説
日本古写本注（八〇〇年前後頃）＝天平勝宝九歳（七五七）写本の欄外注二種
「□」は判読不能の字
古注は墨書、新注は朱書
詳細は船山（二〇二二a・六頁）参照
与咸（十二世紀中頃）説 ＝与咸『梵網菩薩戒経註』八巻の解説

右の表を見て皆さんはどう思いますか。五辛が特定し難いのと同じく、五辛を説明する注釈者の説にも現代の我々には明瞭でないところがあります。四種いずれの説においても五辛のうち少なくとも一つの解説に問題があることに気付きますか。わたくしが問題ありと思う箇所を**太字**で示したので注目してください。

最も問題となり易いのは第五「興渠」です（「興渠」は「こうこ」「こうきょ」または「こうく」と呼び習わす）。これは外国語の漢字音写ですから、中国に産しない野草であろうと想像がつきます。実際、この語は他の漢訳仏典に出る場合があり、現存サンスクリット語原典と照合すると、「興渠」はサンスクリット語「ヒング hiṅgu」の漢字音写であると断定できます。ヒング hiṅgu は、現代ヒンディー語「ヒング hing」にそのまま対応する語ですが、西洋ではラテン語を用いて「アサフェティダ assafoetida」と呼ぶのが普通です。中国では興渠のことを後の唐代に「阿魏《あぎ》」とも呼びました。そして更に後に「哈昔泥《はしに》」という漢字でも呼ぶようになっていきました。興渠（＝阿魏）は、現代の俗語で“devils dung”と呼ぶ程に激臭を放ちますが、調理油に混ぜて加熱すると、まるで魔法のように、焦《ロースト・オニオン》がし玉葱の芳香に変わります。恐らく『梵網経』は、調理前の激臭を嫌って五辛に含めているのでしょう。

ヒングは、北アフリカ原産セリ科の野草であり、その樹液を集め、粉末化したものです。現在もカレー調味料ヒング hing として入手可能です。私見によれば「興渠＝hiṅgu」と「阿魏」は外来語として同源ですが、その細かな論証は、わたくしには知識が足りず、できません。いずれにせよ、中国では華北にも江南にも原生しない植物です。ところが注釈者たちは、それをアブラナであると解説したり、江南にはあるが華北では産しないと説明したりします。また、京都国立博物館蔵の重要文化財日本古写本『梵網経』（書写は天平勝宝九歳＝七五七年）の行間に朱書された注記（恐らく年代は西暦約八〇〇年頃かそれ以後でしょうか）には、「興渠」を「クレノオモ」すなわちフェンネル（茴香）であるとされています（本書カバー参照）。フェンネルは臭い――すなわち「辛」――草ではありませんが、このような写本情報も含め、興渠の注釈には何れも誤りがあります。更に言えば、右に述べた日本古写本の古注に「革葱」を「ワサヒ」すなわち山葵とするのも誤りです。山葵は日本原産であり、何よりも臭い草ではありません。また、北宋～南宋の与咸という注釈者が大蒜を「胡荽」すなわち香菜《シャンツァイ》と注記するのも誤りです。

このように注釈にはいずれも問題がありますが、「興渠」のように身の回りにない植物の同定と、「葱」字を付す三種の同定には、注釈ごとに違いが見られます。前者は漢訳仏典に何度も現れるのでサンスクリット原語を問題なく特定できます。問題は「葱」字を付す三種です。これを正確に特定するには、漢語版『梵網経』が作られた、正にその地域と時代に知られていた葱類を特定することが必要不可欠ですが、我々にはそれができません。葱類が三種のみ存在する地域なら三種を特定可能ですが、日本のように葱の種類が多く、漢語を母国語としない国では、三種の「葱」類について推定することはできても、正しく特定し、現代名を決定することは難しいのです。

四、「五辛」と「葷辛」

「五辛」を訳語として用いる古い漢訳仏典は少ないです。〔北涼〕曇無讖訳『大般涅槃経』巻一一に、菩薩たる者は「五辛能熏《のうくん》」を食すべからずと説いています（一二・四三二下～四三三上）。しかしそこには五種を特定する具体的な説明が何もありません。「五辛」を食すべきでないことは、〔南朝宋〕求那跋摩《ぐなばつま》訳『菩薩善戒経』にも書かれていますが、やはり五辛を特定できるような説明がありません。「五辛」と恐らく同じ意味で「葷辛《くんしん》」という語を用いる漢訳もあります。更にまた、〔唐〕道世《どうせい》『法苑珠林《ほうおんじゅりん》』巻九四は『梵網経』の五辛と併記する体裁で、「又た『雑阿含経《ぞうあごんぎょう》』に云わく、応《まさ》に五辛を食すべからず。何等をか五と為す。一なる者は木葱なり、二なる者は革葱なり、三なる者は蒜なり、四なる者は興渠なり、五なる者は蘭葱なり」と記しています（五三・九八一中）。しかし、現存する『雑阿含経』にはこの文がなく、何か混乱が生じているようです。但し「木葱」を「慈葱」に変えれば『梵網経』と対応するので、両経の五辛がよく似ているのは間違いありません。

五辛の第一として避けるべき「大蒜」がにんにく《ガーリック》であることは既に述べました。因みににんにくを摂取すべきでないことは『比丘尼律』（女性出家者集団の共同生活規則集）に明記されています。大蒜はサンスクリット語でラシュナ laśuna またはラスナ lasuna と言い、漢訳は「蒜《さん》」です。興味深いことに大蒜を好んだのは比丘より比丘尼だったようであり、禁じた理由はその臭さを、寺を訪れた在家信徒が嫌ったからでした。詳しくはパーリ語と諸漢訳の『比丘尼戒』を網羅的に扱った平川彰氏の研究を参照してください（平川一九九八・四三二～四三七頁「比丘尼波逸提法第一条食蒜戒」）。

五、「五辛」を避ける理由（一）本当の理由

以上に言及したものを含め、「五辛」に言及する漢訳仏典を一覧すると、［後秦］鳩摩羅什訳『治禅病秘要法』（一五・三三八中）と求那跋摩訳『菩薩善戒経』巻七（三〇・九九六下）と曇無讖訳『大般涅槃経』巻一一（一二・四三二下）と本経の四経典があり、これらは食肉・五辛・飲酒の三項目を等しく禁ずる点で共通します。

「五辛」を避けよと説く諸経典のうち、避けるべき理由を簡潔明瞭に示すのは曇無讖訳『大般涅槃経』巻一一現病品の次の一節です。

〔菩薩は〕肉を食らわず、酒を飲まず、五辛という葷菜を悉く食らわない。それ故にその〔菩薩の〕体軀には臭いところがなく、常に神々や世間の一切の人々から敬まれ、尊敬を示され、尊重して褒め称えられる。（一二・四三二下～四三三上）

［参考］南本『大般涅槃経』巻一一聖行品（一二・六七四中）

ここから二つのことが分かります。一つは、「五辛」という語はあるけれども五種を具体的に示す解説がないことですが、これは上述した通りです。もう一つは、菩薩は肉も五辛も食らわず飲酒もしないため、体軀《からだ》から嫌な臭気を発せず、そのことが神々や人々に敬われるようになった理由であり、そして酒肉五辛を避ける理由であることです。

更にまた、『大般涅槃経』に通じる食肉禁止を説く〔南朝宋〕求那跋陀羅《ぐなばつだら》訳『楞伽阿跋多羅宝経《りょうがあばつたらほうきょう》』巻四を繙くと、そこには「酒」「肉」に加えて「葱」と「諸韮蒜《きゅうさん》等」あるいは「葱韮蒜」を含め、次のように悉くそれらの摂取を禁じています。

曽て〔過去世に〕親族であった者たちも汚れ不浄をまとい、不浄に生まれ成長し、〔食肉の〕臭いを嗅ぎつけると皆が恐れおののく。すべて肉や葱、更に韮や大蒜を始めとする〔臭いの強い野菜〕や、人をだらけさせる様々な酒は、修行の際に常に身から遠ざけよ。……。先に〔我は、殺すのを〕見たり、聞いたり、その疑いがある〔ならば〕肉はすべて断ち切れと説いた。その思いを忘れ、正しく知らなければ、それがために肉を食する〔悪い〕境遇に生まれる。それら貪欲の過ちが聖者の解脱を妨げるように、酒・肉・葱・韮・大蒜は、皆、聖者の修行道の妨げとなる。

（一六・五一四上～中）

右の一節は『大般涅槃経』と同じ内容を更に敷衍すると考えられます。したがって、翻って『梵網経』の内容も同じであり、大蒜・葱・韭などの「五辛」を避けるのは、「五辛」の摂取は菩薩の教化活動を妨げるということが理由です。

六、「五辛」を避ける理由（二）偽りの後付け理由

このように本経が酒肉のみならず「五辛」も避けよと説く理由は、説法すべき相手を怖がらせることなく、安心して教えに耳を傾けるように環境を整えるためでした。これが「五辛」を避けるべき本来の理由です。

ところが興味深いことに、その後しばらく経つと、中国では別の理由から五辛を避けよと説き始める変化が起こりました。実に面倒なことに、この後付けの偽りの理由の方が一般人に受けが良かったため、現代人の理解に至るまで、偽りの後付け理由が本当の理由と勘違いされたまま、影響を及ぼし続けています。その後付けされた偽りの理由とは、要するに、大蒜や葱を食べると精が付きすぎて性欲が強まり、修行を妨げるから避けよという理由です。それを明記する最も早い文献は、一般に『首楞厳経《しゅりょうごんぎょう》』と通称されることの多い、中国で偽作された大乗経典です。大蔵経に収める正式名称と漢訳者は、［唐］般剌蜜帝《はんらみったい》訳『大仏頂如来密因修証了義諸菩薩万行首楞厳経』巻八です。そこに次のような一節があります。

アーナンダよ、すべての生きものは、甘いものを食するから生きながらえ、毒を食するから死ぬのである。これら生きものたちが精神統御《サマーディ》を追究するなら、世俗にある五種の刺激の強い野菜を断ち切れ。これら五種の刺激ある〔野菜〕は、加熱調理して食すれば婬情を起こし、加熱調理せず生のまま齧れば怒りを増大させる。(1)このような世間の刺激ある〔野菜〕を食する人は、たとい〔仏の〕十二部経を説き示すことができたとしても、十方の神々や神仙はその汚らわしい臭さを厭って皆がその人を遠ざける。餓鬼を始めとする者たちは、その人が食する段になると舌なめずりし、〔その人は〕常に鬼神と共に暮らすことになる。福徳は日増しに衰え、遂に何の利益もなくなる。これら刺激の強い〔野菜〕を食する人が精神統御《サマーディ》を修得しても、菩薩や天の神々や神仙、十方世界の善神たちは〔その人を〕守りに来ないし、大いなる力能ある魔王は手段を講じて仏に身を変身し、〔偽の〕説法をしにやって来て、〔仏の定めた〕禁戒をすべて破壊し、淫心と怒りと無知とを讃歎し、〔その人自身もこの世の〕命が尽きると自ら魔王の仲間となり、悪魔を受け入れ福徳が尽き果て、無間地獄に墜ちる。アーナンダよ、菩提《さとり》を修得しようとする者は、永えに「五辛」を断ち切れ。（一九・一四一下）

（1）原文は「阿難、一切衆生食甘故生、食毒故死。是諸衆生求三摩提、当断世間五種辛菜。是五種辛、熟食発婬、生啖増恚」。

『大般涅槃経』と共通する汚臭の発生と、それを神々が嫌うことも記していますが、注目すべき相違箇所は、最初の傍点部「是ノ五種ノ辛《から》キモノハ、熟《じゅく》シテ食《しょく》サバ婬ヲ発《おこ》シ、生《なま》ノママ啖《くら》ワバ恚《いかり》ヲ増《ま》ス」です。例えば大蒜なら、大蒜を加熱調理して摂取すれば性欲を起こすし、生のまま齧れば怒りっぽくなるから、摂取してはならぬと言います。

この理由の典拠である『大仏頂如来密因修証了義諸菩薩万行首楞厳経』は、一般に『首楞厳経』と略記されます。これは鳩摩羅什訳『首楞厳三昧経《しゅりょうごんざんまいきょう》』とはまったく無関係で別な、唐代の偽作経典です（望月一九四六・四九三～五〇九頁）。その偽りの理由付けが『梵網経』の注釈にも採用されるようになりました。例えば北宋～南宋初に活動した与咸の『梵網菩薩戒経疏註』は、『首楞厳経』と名を明記してこう解説します。

〔五辛は〕刺激が強いので血色を強め興奮をかき立てるから、それ故、抑制する必要がある。血色を強めるとは、『首楞厳経』〈巻八〉に言う、「これら五種の刺激の強い〔野菜〕は、加熱調理して食すると婬情を起こし、加熱調理せず生のまま食すると怒りを増大させる。……」。

（続蔵一・五九・三・二九三裏上）

現代人は直感的に、大蒜や韮が性欲を増強させると言われれば、なる程そうかもしれないと思うでしょうが、それは唐以前にはなかった後付けの理由であり、元来の理由を示す『大般涅槃経』とも合いません。ところが一たびこの理由付けが世に登場すると、多くの人がそれに従うようになりました。まさに「悪貨は良貨を駆逐する」のです。端的な例としては現代日本国語辞典の次の解説を挙げれば十分でしょう（傍点は引用者による）。

> ご‐しん【五辛】『名』仏語。五種の、辛味や臭みのある野菜。大蒜（にんにく）、葱（ねぎ）、韮（にら）、浅葱（あさつき）、辣韮（らっきょう）などの五種をいう。仏教では、色欲や怒りの心などが刺激され助長されるとして、僧尼がこれらを食べることを禁じた。五葷（ごくん）。
> ――『日本国語大辞典』

> ご‐しん【五辛】辛味や臭気の強い5種の野菜。仏家で、大蒜（にんにく）・韮（にら）・葱（ねぎ）・辣韮（らっきょう）・野蒜（のびる）、道家では、韮・辣韮・大蒜・油菜（あぶらな）・胡荽（こすい）をさす。これを食べると情欲・憤怒（ふんぬ）を増進するとして禁じる。五葷（ごくん）。――『デジタル大辞泉』

「五辛」を特定できるかどうかも問題ですが、右のどちらも『首楞厳経』の偽りの後付け理由を記すのが更に問題です。これと同類の説明を五辛を避ける元来の理由と断定的に書く印刷物やオンライン・ウェブサイトは実に後を絶ちません。どれ程多くとも間違いを大量生産しているに過ぎないので、情報数の多さに欺されず、注意すべきです。

　最後に、五辛について中国で『五辛経《ごしんぎょう》』という偽経が生まれたことに触れておきましょう。偽経とは、インド語原典の漢訳であるかのように装いながら中国で執筆された偽作経典のことです。『五辛経』は別名『大乗般若五辛経』とも言います。それに言及する最も古い経典目録は「隋」彦《げん》琮《そう》（五五七～六一〇）が編纂した『衆経《しゅきょう》目録』です。その巻四の「疑偽」（＝偽経）という項に「『五辛経』一巻」という名で現れるのが最初です。敦煌写本（北敦〇六九五一号）の『五辛経』は完本でなく、最初と最後の部分が欠落した一部のみですが、活字で出版されています（方広錩二〇一〇）。『五辛経』は隋代には既に存在していたので、その後の唐の偽経『首楞厳経』よりも古いです。「五辛を避ける嘘の後付け理由」は『五辛経』には現れません。敦煌写本の『五辛経』が挙げる五辛忌避の理由は次の通りです。

　我（比丘名不明）は思った、「昨日は山の神や仙人が私の所に来て教えを聞いたのに、どうして今日は我を避けて遠くに行ってしまうのだろうか」と。

　このように考えた後、ヴィシュヌ神（毘首天神）が大空から我に言った、「汝は大馬鹿者、

〔理由が分からなければ今後〕諸の檀家が施してくれる食事を食してはならぬ。何故か分かるか。汝は〔本日〕汚れた臭い食物（＝五辛）を食したから、それが我が神々をすべて本宮に背を向けて別の場所に逃げさせたのだ」。こう言い終わると〔ヴィシュヌ神は〕急に消えた。

（方広錩二〇一〇・二一九頁）

お分かりの通り、『五辛経』が示す五辛を避ける理由は、『大般涅槃経』の説と同じ五辛の臭さであります。ここには偽経『首楞厳経』に初めて現れた偽りの後付け理由は書いてありません。それにもかかわらず、録文を作った方広錩氏は、冒頭に掲げる「解題」において、偽経『首楞厳経』の原文を引用し五辛を嫌う理由としています。方氏を批判するのが目的ではありません。偽りの後付けの理由はこれ程までに五辛の意味を歪曲させているのです。「悪貨は良貨を駆逐する」力は極めて大きいのです。

なお、日本仏教には、五辛のうちに薑《はじかみ》（生姜か山椒）を含める宗派があります。これも強烈な口臭を生むかどうかという点から見て、山葵《わさび》・茴香《ういきょう》（フェンネル）・香菜《シャンツァイ》（パクチー＝コリアンダーリーフ）と同様に、五辛には入れるべきでない植物です。

七、「阿魏」について

五辛のうち興渠とは何かは、中国の人々にとって悩ましい問題でした。理由は単純です。興渠は漢訳仏典に現れるが、中国の人々はそれを実際に見たことがなかったからです。比較的早い時期の漢訳仏典で「興渠」を用いるのは、長安で訳経事業に携わった〔後秦〕鳩摩羅什《くまらじゅう》訳『十誦律《じゅうじゅりつ》』（二三・一五七上、一九四上、三三三下）と同訳『成実論《じょうじつろん》』（三二・二七〇下）です。鳩摩羅什の漢訳活動は約四〇二～四〇九年頃に収まるので、これら二つの訳本も五世紀初頭の訳です。

「興渠」とは異なる別の漢字で音写する例もありました。すなわち「興蕖」「興瞿」「興虡」「興旧」「形具」等です。いずれも同音hiṅguを表示します。これらを見る時、ヒングの“hiṅ-”を漢字「興」と「形」で音写する事実は、音韻史的に注目されます。

「興渠」の字義を解説した書のうち、現存最古のものは〔唐〕玄応（七世紀中頃）が撰した『一切経音義』に見える三箇所でしょう。『同』巻五の説明はこうです。

> 興渠〈この語は、やや不正確である。〔「興」字の〕音は嫣蠅の反《かえし》である。ウダスターナ（烏荼娑他那 Uda-sthāna）国に産し、その国の人々は常食する。ここ（中国）でそれを芸薹《うんだい》（あぶらな）であると伝えるのは誤りである〉。（徐時儀二〇一二・一〇六頁上）

次に『同』巻一七の解説は次の通りです。

興渠〈西方の国ではこの樹液を採取して食物の中に入れる。今の「阿魏薬」のことである〉。
（徐時儀二〇一二・三五九頁下）

最後に、『同』巻一八の解説は、伝承に文字の混乱を含みますが、意味は恐らく次の通りです。

興蕖〈この語は転訛した〔表記〕であり、〔正しくは〕「興虞」と言うべきである。「興宜」は音を借りた〔別の表記であり〕嫣蝿の反《かえし》である。闍烏茶娑他那国《じゃうだしゃたな》（ウダスターナ）に産出し、その国の人々は常食する。ここ〔中国〕では「蕓薹《うんだい》（あぶらな）」のことであると伝え記すが、誤りである。「嫣」の音は虚延の反である。また、その樹液は桃の汁液のようであり、西方の国では食用にしてみな摂取すると言う。現在の阿魏薬がこれに当たる〉。
（徐時儀二〇一二・三八一頁上～下）〔比較〕慧琳『一切経音義』巻七二（玄応撰）

ここで「興蕖（＝興渠）」は「阿魏薬」であると言われます。阿魏に言及する解説の一つに〔唐〕段成式《だんせいしき》『酉陽雑俎《ゆうようざっそ》』木篇があり、今村与志雄氏の訳は次の通りです。

阿魏《あぎ》。ガズナ〔伽闍那国〕に産する。すなわち、北インド〔北天竺〕である。ガズナでは、形虞《ぐ》と呼ぶ。やはり、ペルシア〔波斯国〕にも産する。ペルシアでは、阿虞截《さい》と呼ぶ。樹の長さは、八、九尺。皮の色は、青黄である。三月、葉を生ずる。葉は、鼠《ねずみ》の耳に似ている。花と実はない。その枝を切断すると、汁が飴《あめ》のように出る。しばらくして、堅く凝固する。阿魏と名づける。（今村一九八一・二五二頁）

＊　＊　＊

本章の終わりに、『梵網経』の定める食生活を整理しておきましょう。

『梵網経』は食肉を禁じますが、それは本経が動物性食物の摂取を禁じて菜食主義者となれと単純化しているという意味ではありません。食肉を禁ずる他の大乗経典と同じく、本経も乳製品（具体的には牛乳やチーズの類い）を摂取することは特に禁じていません。その理由は、食肉と違い、乳製品の摂取は動物を殺害しないからです。

ここまで特に明記しませんでしたが、動物性食物として摂取禁止のものがもう一つあります。動物の肉や魚介と同じように、卵（鶏卵など）も摂取してはいけません。理由は同じく、卵を食することは殺生戒に抵触するからです。なお、前近代の仏教書に有精卵と無精卵を区別する論議を見出すことは難しく、卵は食すべからずと説くだけです。これを現代風に引き延ばして解釈すると、卵の禁止は、マヨネーズなどの卵製品の禁止に繋がります。但し、卵不使用の純粋植物成分のマヨネーズは禁止されません。これは現代の台湾の仏教徒の間では常識ですが、ヴィーガン・マヨネーズの発売が日本ではかなり遅れたことが理由となって、『梵網経』の規則に従う場合に摂取可能なマヨネーズと摂取禁止のマヨネーズがあると日本人が自覚するようになったのは、ごく最近です。

また、野菜なら何でも食してもよいというのでもありません。五辛を避けて菜食せよと説いています。理由は、食肉によって肉の臭いを他者が感じ取るのと同じように、五辛によって口臭を他者に撒き散らすので、どちらの場合も、菩薩に大切な教化活動（説法、対話による教導）の妨げとなるからです。五辛は性欲を増強するから禁止するのであるという理由付けは、『梵網経』が中国に現れてから数世紀経った後になってから作り出された、偽りの理由です。それは説法活動の妨げとなるから禁ずるという本来の理由とはまったく無関係の俗説です。

コラム3

今も進化し続ける興渠

「興渠」の与えた影響は、前近代の歴史に止まりません。驚くべきことに現代でも解釈は発展し続けています。インターネットで「興渠」を検索すると、図像付きのウェブサイトが数多く見つかります。その殆どは寺院のウェブサイトでなく、台湾・中国の素食レストラン（ヴェジタリアンレストラン）のウェブサイトです。要するに、「ヴェジタリアンでも食べてはいけない野菜があり、五辛と言います」と説明し、五辛の一々を画像で示すのです。

それら現代ウェブサイト情報によれば、何と「興渠」は「洋葱」――西洋玉葱《オニオン》――であると断定されています。今や興渠は、ヒングでも茴香（フェンネル）でもなく、玉葱に変身しているのです。これは解釈の驚くべき展開です。確かに玉葱を生のまま齧ると刺激が強く、臭みも感じます。しかし『梵網経』が生まれた時代と地域に西洋玉葱が存在し、それがサンスクリット語でヒングと呼ばれたということはあり得ません。ヒングは油で炒めるとローストオニオンの芳香を漂わせるのは確かですが、だからと言って、興渠とはオニオンそのものであると断定するのは絶妙か、皮肉か、はたまた悪い冗談か、いわく言い難いものがあります。

おわりに――『梵網経』の底に流れる教え――

本書では『梵網経』の説く教えを四章に分けて解説しました。

第一章で本経を知るために基本となる言葉と経典の大まかな内容をまず説明した後、第二章に本経下巻の原文と現代語訳を示しました。現代語訳はなるべく仏教術語を用いず平易な日本語として内容が分かるよう心懸けました。

そして現代語全訳を元に、『梵網経』にはどのような特徴があるかについて二章を充てました。第三章では、本経の精神として、十重四十八軽戒という個別の生活規則の底に流れる精神に焦点を当て、それを「社会性」と呼び、「社会全体を思い遣ること」の大切さを指摘しました。そして第四章では、本経の具体的な生活規則として、食生活に関する決まりの概略を述べました。

本書を結ぶに当たってもう一度確かめておきたいのは、第三章と第四章の意義です。食生活と社会に対する心懸けは別のことではありません。菩薩として日々を生きる具体的な姿という点から見ると、食生活と社会性は深く共通しています。つまり「自利」（自らの為）だけでなく「利他」（他の者たちの為）につとめる菩薩として生きる振る舞いです。「五辛」を摂るべきでないのは、精が付きすぎて修行の妨げになるからでなく、身を清潔に保ち、爽やかな息で説法し教えを弘めるためです。そして戦争放棄や、報復の虚しさ、政治不関与の勧めは、他者に対する殺害から身を遠ざけよという不殺生主義の現れです。どちらも菩薩の理想と直結する、菩薩の振る舞いの要点です。

他者との争いや国家の戦争を避けよ、それはただ虚しいだけであるという教えは、今こそ我々が現代に活かす教えとして、耳を傾け、実行すべき時です。人類の歴史は戦争の歴史であり、戦争のない時代が長く続いたことなどありません。それは過去の歴史が証明しています。それにもかかわらず闘いを止められないのは、人間の悲しい性としか言いようがありません。しかし、敢えて本経は、それを自覚せよと、そして、たとい最愛の親が殺害されたとて、報復行為はまかりならぬと強調します。

今現在も、戦争が始まると、報復が続き、止むことはありません。報復が次の報復を生みます。報復された側は等価報復であっても決してそうは思わず、倍返しされたと感じて怒りをつのらせ、された以上の復讐に向かい、復讐の連鎖が無限に続きます。そしてそうなると、そもそも、なぜ戦争をしなければならなかったかさえ、不毛な問いとなります。悪いのはそもそもどちらであったかと問うことも無駄になります。やられたらやりかえす、それだけがただ虚しく続きます。それ故にこそ、『梵網経』は、そもそも戦争から身を離せ、虚しいばかりの報復などしようと思うなと説くのです。

「言うは易く行うは難し」というものが人間です。親を殺されても黙ったまま何もするなと言われても、それができないのが普段の我々です。それでも何もするなと本経は言います。本経は菩薩のあるべき姿を説きますが、現実の我々は欲望から離れられず（貪欲＝漢語「貪」）、カッとなる怒りを抑えきれず（怒り＝「瞋」）、そもそも自らの根本も世の中の根本も知らず（根本的無知＝「癡」）、苦しみ続けます。

社会を共に生き、他者のことを思い遣れ、貪欲・怒り・根本的無知を離れよ、心静かに我が身と世の中を観察して行動せよ――まさに今こそ、この教えを活かすべき時ではないでしょうか。

謝辞

わたくしは昨年四月、久留米市の浄土真宗大谷派九州教務所で行った講演会「『梵網経』の教えを今に活かす」（船山二〇二二b）という機縁に恵まれ、それによって本稿を改善できたことに感謝している。臨川書店刊の単著は五冊目であるが、今回も編集部の工藤健太さんのお世話になったことを記し感謝申し上げる。本書を宗教的見地から執筆しようと思った直接のきっかけはロシアのウクライナ侵攻であった。現実社会に続く報復の連鎖にどう対処すべきか、今こそ我々は古典の教えに学ぶべき時である。

二〇二三年如月　著者識

参考書

石田（一九七一）　石田瑞麿『梵網経』、仏典講座、大蔵出版。

今村（一九八一）　今村与志雄（訳）『酉陽雑俎3』、東洋文庫、平凡社。

入澤（一九八九）　入澤崇「具足戒を授くべからざる二十人」、『パーリ学仏教文化学』二、一〇五～一一七頁。

大野（一九五四）　大野法道『大乗戒経の研究』、理想社、一九五四（再版、山喜房仏書林、一九六三）。

ガンディー（二〇二一）　マハトマ・ガンディー（著）・森本達雄（訳）『わたしの非暴力』、新装合本、みすず書房。

広興（二〇〇九）　広興「〝孝名為戒〟：中国人対仏教孝道観的発展」、宗性・道堅（主編）『仏教と中国伝統文化：楊曽文先生七秩賀寿文集』、中国社会科学出版社、八〇七～八二五頁。

コリンガム（二〇〇六）　Collingham, Lizzie, *Curry: A Tale of Cooks and Conquerors*, Oxford University Press.

徐時儀（二〇一二）　徐時儀（校注）『一切経音義三種校本合刊』、全四冊、上海古籍出版社。

塚本（一九九〇／二〇〇八）　塚本善隆（訳注）『魏書釈老志』、ワイド版東洋文庫、平凡社、二〇〇八。初版一九九〇。

中村（一九七八）　中村元『ブッダの真理のことば・感興のことば』、岩波文庫、岩波書店。

中村・早島（一九六三）　中村元・早島鏡正（訳）『ミリンダ王の問い1 インドとギリシアの対決』、東洋文庫、平凡社。

西本（一九六〇）　西本龍山「梵網経戒相の批判研究」、『印度學佛教學研究』八／二、二二五〜三二一頁。

平川（一九九四）　平川彰『二百五十戒の研究Ⅲ』、平川彰著作集第一六巻、春秋社。

平川（一九九八）　平川彰『比丘尼律の研究』、平川彰著作集第一三巻、春秋社。

福永（二〇一三）　福永光司『老子』、ちくま学芸文庫、筑摩書房。

船山（二〇一四）　船山徹「『梵網経』の初期の形態をめぐって」、『東アジア仏教研究』一二、三〜二五頁。

船山（二〇一七／二〇二三）　船山徹『東アジアの生活規則 梵網経：最古の形と発展の歴史』、臨川書店、二〇一七。増補改訂版、二〇二三。

船山（二〇一九a）　船山徹『六朝隋唐仏教展開史』、法藏館、二〇一九。

船山（二〇一九b）　船山徹（訳）『梵網経十重禁』、覚盛上人七百七十年御忌、唐招提寺。

船山（二〇二〇）　船山徹『菩薩として生きる』、船山徹（編）シリーズ実践仏教全五巻中第一巻、臨川書店。

船山（二〇二二a）　船山徹「中国における『梵網経』と日本への影響：日本の重文写本『梵網経』二種」、興膳宏（編）『日本における梵網経と菩薩戒思想の問題』、公益財団法人仏教美術研究上野記念財団、一〜九頁。

船山（二〇二二b）　船山徹「二〇二一年度九州教学研究所公開講座講義録 『梵網経』の教えを今に活かす」、『衆會』二七、二九〇〜三四五頁。

方広錩（二〇一〇）　方広錩「五辛経（擬）」、方広錩（主編）『蔵外仏教文献 第二篇（総第十五輯）』、中国人民大学出版社、二一七〜二二一頁。

牧田（一九七六／二〇一四）　牧田諦亮『疑経研究』、牧田諦亮著作集第一巻、臨川書店。初版『疑経研究』、京都大学人文科学研究所、一九七六。

道端（一九五七／八五）　道端良秀『唐代仏教史の研究』、法藏館、一九五七。再版道端良秀『中国仏教史全集第二巻』、書苑、一九八五。

道端（一九六八）　道端良秀『仏教と儒教倫理：中国仏教における孝の問題』、平樂寺書店。

望月（一九四六）　望月信亨『仏教経典成立史論』、法藏館、一九四六、四二五〜四八四頁、「護国并大乗戒及び菩薩修道の階位関係の疑偽経」。

吉川幸次郎（一九七八）　吉川幸次郎『論語 中』、中国古典選4、朝日文庫、朝日新聞社。

索　引

あ　行

か　行

さ　行

た　行

な　行

は　行

ま　行

や、ら、わ　行

船山　徹（ふなやま　とおる）

1961年栃木県生まれ。京都大学大学院文学研究科博士後期課程中退。京都大学人文科学研究所教授。プリンストン大学、ハーヴァード大学、ライデン大学、スタンフォード大学等において客員教授を歴任。専門は仏教学。主な著作に『増補改訂 東アジア仏教の生活規則 梵網経―最古の形と発展の歴史』（臨川書店 2023）、『仏教漢語 語義解釈―漢字で深める仏教理解』（臨川書店 2022）、『婆藪槃豆伝―インド仏教思想家ヴァスバンドゥの伝記』（法藏館 2021）、『菩薩として生きる』（臨川書店 2020）、『仏教の聖者―史実と願望の記録』（臨川書店 2019）、『六朝隋唐仏教展開史』（法藏館 2019）、『仏典はどう漢訳されたのか―スートラが経典になるとき』（岩波書店 2013）、『高僧伝（一）～（四）』（吉川忠夫氏と共訳、岩波文庫、岩波書店 2009-10）などがある。

梵網経の教え――今こそ活かす梵網戒

二〇二三年四月三十日　初版発行

著　者　船　山　　徹
発行者　片　岡　　敦
印　刷
製　本　モリモト印刷株式会社

発行所　606-8204 京都市左京区田中下柳町八番地
株式会社 臨　川　書　店
電話（〇七五）七二一―七一一一
郵便振替　〇一〇七〇―二―八〇〇

落丁本・乱丁本はお取替えいたします
定価はカバーに表示してあります

ISBN978-4-653-04476-5 C0015